Christian Humberg

Ein Riese namens Heimat
Un géant nommé Pays-Heimat

Streifzüge durch den Deutsch-Luxemburgischen Naturpark
Balade à travers le Parc Naturel Germano-Luxembourgeois

Eifelbildverlag

Christian Humberg

Ein Riese namens Heimat
Un géant nommé Pays-Heimat

Streifzüge durch den Deutsch-Luxemburgischen Naturpark

Balade à travers le Parc Naturel Germano-Luxembourgeois

Die Statue des Brückenheiligen Nepumuk beschützt den Übergang an der Dörnauelsmühle
La statue du Saint patron des ponts Népomucène protège le passage à la Dörnauelsmühle

Übersichtskarte
Plan d'ensemble

Inhalt
Contenu

Vorwort / Préface .... 8 / 9

Eine Brücke namens Natur
Un pont nommé nature 18

Land der Legenden
Pays de légendes 32

Die Sage raunt in alten Mauern
La légende murmure entre murs anciens 38

Kleiner Streifzug durch das Leben
Petite balade à travers la vie 50

Der Park lebt von seinen Menschen
Le parc vit au travers de ses hommes 80

Peter Wagner: Die Mühlen der Geschichte
Peter Wagner: Les moulins de l'histoire 82

Rüdiger Schausen: Empört euch!
Rüdiger Schausen: Indignez-vous! 90

Georges Schiltz: Ein guter Schluck Lebensqualität
Georges Schiltz: Une bonne gorgée de qualité de vie 104

Werner Relles: »In der armen Zeit«
Werner Relles: «Au temps pauvre» 110

Fernand Schmit: Der Klang des Holzes
Fernand Schmit: Le son du bois 122

Brigitte und Theo Lukas: Hinter den Dingen
Brigitte und Theo Lukas: La face cachée des choses 128

Raymond Clement: Die Seele der Landschaft erfassen
Raymond Clement: Capter l'âme du paysage 136

Impressum / Bildnachweis
Mentions légales / Crédit Photos 142

Vorwort

Ein Riese namens Heimat

Der Deutsch-Luxemburgische Naturpark macht Land und Leute erfahrbar

Knapp achthundert Quadratkilometer Natur, Wanderwege, Felslandschaften, malerische Dörfer und pittoreske Schluchten – das und mehr ist der Deutsch-Luxemburgische Naturpark. Entstanden aus dem Willen nach Kooperation und Bewahrung der natürlichen Schönheit der Region, beweist der im April 1964 errichtete Park eindrucksvoll, was an Sauer und Our, in der Südeifel wie im Müllerthal besonders faszinierend ist: das Land und seine Leute.

Natur als Brückenschlag

Dieses Buch handelt von einem Giganten, in mehrfacher Hinsicht. Denn der Deutsch-Luxemburgische Naturpark beeindruckt längst nicht nur durch seine Maße und seine landschaftliche Vielfalt. Auch seine historisch-politische Bedeutung ist immens – genau wie die Geschichte und die Geschichten der Menschen, die in und mit ihm leben.

Etwa nahe der Teufelsschlucht, jenem Souvenir aus der letzten Eiszeit, dessen Felsenlandschaft ihresgleichen sucht. Etwa in der kleinen Luxemburger Schweiz mit ihren geschichtsträchtigen Ortschaften und Wanderwegen. Etwa an den bewaldeten Hängen der plätschernden Our. Man braucht sich nur umzudrehen, schon sieht man sich einer neuen interessanten Facette unseres Giganten gegenüber.

Die vielseitige Landschaft ist sein wohl wertvollstes Gut. Was sie uns lehrt, macht in Gestalt des Naturparks bis heute Schule: Dies- und jenseits der politischen Grenzen wachsen in der Region die gleichen Mischwälder und Obstsorten, zwitschern die gleichen Vogelarten. Die Natur kommuniziert hier Einheit und Zusammengehörigkeit, und wer in ihr lebt, spiegelt diese Einheit wider. »Wir fuhren nie ›nach Luxemburg‹«, erinnert sich beispielsweise Peter Wagner, pensionierter Hotelier aus dem grenznahen Irrel, »sondern schlicht ›nach Echternach‹.« Der Gang zu den Nachbarn gilt in der Region als etwas völlig Natürliches. Grenzen? Welche Grenzen?

Der Park unterstreicht diesen Aspekt eindrucksvoll. Er will Vergangenes bewahren, Gegenwärtiges schützen und die Zukunft gestalten – beiderseits von Sauer und Our, im Islek wie im Ferschweiler Plateau. Er ist sich seiner Historie und seiner Traditionen bewusst, kennt seine Stärken und lebt auf jedem seiner knapp achthundert Quadratkilometer den Facettenreichtum seiner Natur, der menschlichen wie der anderen.

Unser Buch will Ihnen einen Einblick in diesen Facettenreichtum vermitteln. Es lädt Sie ein zu einem ausgedehnten Streifzug durch eine vielfältige und natürliche Region Europas. Begleiten Sie uns in Wort und Bild zu trutzigen Burgen und seltenen Tieren, zu zukunftsweisenden Städten und in romantische Dörfer, zu den geographischen wie organisatorischen Ursprüngen eines Ideals – kurz gesagt: zu den Menschen *hinter* und den Menschen *im* Deutsch-Luxemburgischen Naturpark.

Blättern Sie ruhig um. Nichts weniger als ein Riese erwartet uns auf den folgenden Seiten, und sein Name lautet Heimat.

Préface

Un géant nommé Pays-Heimat

Le Parc Naturel Germano-Luxembourgeois rend pays et gens plus concrets

Près de 800 kilomètres carrés de nature authentique, des chemins de randonnée, des paysages où le minéral domine, des villages et des gorges pittoresques, c'est tout cela le Parc Naturel Germano-Luxembourgeois, et bien plus encore ... Né de la volonté de coopération et de sauvegarde des beautés naturelles de la région, ce parc, créé en avril 1964 par un traité international, dévoile d'une manière impressionnante ce qui est si fascinant dans Sauer et Our, dans la région d'Eifel du Sud, comme dans le Mullerthal: le pays et les gens.

Nature comme passerelle

Ce livre raconte un géant – et cela à plusieurs niveaux. Le Parc Naturel Germano-Luxembourgeois n'impressionne pas seulement par sa taille et la richesse de ses paysages. Son importance historico-politique est également immense, comme l'histoire, voire les histoires, des hommes, qui y travaillent et y conservent leurs traditions, en un mot qui y vivent.

Comme la Gorge du diable, ce témoignage imposant de la dernière glaciation, dont l'incroyable paysage de roches n'a pas d'équivalent. Comme la petite Suisse luxembourgeoise avec ses bourgades chargées d'histoire et ses chemins de randonnée pittoresques. Et les pentes boisées au bord des eaux de l'Our. Il suffit simplement de se retourner pour se trouver face à une autre facette intéressante de notre géant.

Ce paysage, impressionnant et varié, est probablement le bien le plus précieux du parc. Il fait école jusqu'à nos jours et nous apprend, que de part et d'autre des frontières politiques, poussent les mêmes forêts, mûrissent les mêmes fruits, gazouillent les mêmes oiseaux. La nature dévoile ici toute son unité; ses habitants sont, depuis toujours le miroir de cette unité. «Nous n'allions jamais ‹à Luxembourg›», se souvient par exemple Peter Wagner, hôtelier à la retraite d'Irrel, une localité proche de la frontière, «mais tout simplement ‹à Echternach›». Dans cette région, rendre visite à un voisin est un geste banal et naturel. Frontières? Quelles frontières?

Le Parc illustre ces aspects de façon spectaculaire. Il veut conserver le passé, protéger le présent et façonner le futur, et cela des deux côtés de Sauer et Our, dans l'Islek, comme sur le plateau de Ferschweiler. Il est conscient de son histoire et de ses traditions, sûr de ses atouts il sème partout sur ses huit cents kilomètres carrés un peu de sa beauté et des riches facettes de sa nature, celle des hommes ou de l'autre.

Notre livre veut vous faire découvrir ces riches facettes. Il vous invite à une vaste balade à travers une région d'Europe, naturelle, et d'une variété saisissante. Suivez-nous en direction de châteaux forts imposants, des animaux rares, des villes futuristes et dans des villages romantiques, vers les origines géographiques et organisatrices de son idéal – bref: vers les hommes *derrière* et les hommes *dans* le Parc Naturel Germano-Luxembourgeois.

Tournez les pages. Rien de moins qu'un géant vous attend sur les pages suivantes. Et son nom est Pays-Heimat.

Christian Humm

Bollendorf und Bollendorf-Pont am Grenzfluss Sauer
Bollendorf et Bollendorf-Pont à la rivière frontalière Sauer

Wallfahrtskapelle Schankweiler Klause am Klausnerweg im NaturWanderPark Delux
Chapelle de pèlerinage Schankweiler Klause au Klausnerweg dans le NaturWanderPark Delux

Luxemburgische Schweiz
Suisse luxembourgeoise

Eine Brücke namens Natur
Un pont nommé nature

Der Deutsch-Luxemburgische Naturpark und seine Geschichte
Le Parc Naturel Germano-Luxembourgeois et son histoire

Die Tintesmühle liegt im nördlichsten Zipfel Luxemburgs, im Grenzland zu Belgien und Deutschland. Die Betreiber des nahen Camping-platzes beschreiben sie als eine der einsamsten Mühlen des gesamten Großherzogtums. Und auch die Brücke, die dort umgeben von dichten Wäldchen und grünen Wiesen über den Grenzfluss Our führt, sieht auf den ersten Blick nicht sonderlich bedeutsam aus; bei ihrer Eröffnung regnete es so fürchterlich, dass sich die Mitglieder des aufspielenden Musikvereins, so erinnern sich Zeitzeugen, mehrmals das eiskalte Wasser aus den Instrumenten schütten mussten.

Und doch ist die Brücke dort im idyllischen Ourtal etwas ganz Besonderes. Sie ist nicht weniger als ein Stück europäische Geschichte. Denn mit ihr wurde faktische Realität, was lange Jahre »nur« ein frommer Wunsch und eine zwischenstaatliche Vereinbarung gewesen war: Der Deutsch-Luxemburgische Naturpark verband – ausgerechnet an Luxemburgs »einsamster Mühle« – die Nationen.

Ein Traum mit Hürden

Im Prinzip ist die folgende Geschichte die des Phönix, der aus seiner eigenen Asche neu entsteht: Der zweite Weltkrieg hatte in Europa verheerende Spuren hinterlassen – in der Natur, in

La Tintesmillen se situe à l'extrémité la plus septentrionale du Luxembourg, dans la région frontalière avec la Belgique et l'Allemagne. Les gérants du camping proche le décrivent comme l'un des moulins les plus solitaires de tout le Grand-duché. Le pont qui traverse le ruisseau frontalier Our, dans un paysage de forêts denses et de vertes prairies, ne paye pas de mine au premier abord. Lors de son inauguration, il pleuvait à seaux. Les témoins de l'événement racontent que les membres de la fanfare locale étaient obligés de vider régulièrement l'eau glacée de leurs instruments!

Cela, c'est pour la petite histoire. Mais il y a surtout un morceau de l'histoire européenne lié à ce pont lancé dans la vallée idyllique de l'Our. Avec lui devenait un jour réalité ce qui pendant des longues années n'était «que» un vœu pieux et une construction bilatétale: Le Parc Naturel Germano-Luxembourgeois réliait – à l'endroit du moulin le plus «isolé» du Luxembourg – les nations.

Un rêve avec des obstacles

On pourra appeler l'histoire qui suit celle du phénix, qui renaît de ses propres cendres: La Deuxième Guerre Mondiale a laissé des traces dévastatrices en Europe – dans la nature, les communes, les têtes. Les atrocités et victimes de cette

den Gemeinden, in den Köpfen. Die Gräuel und Opfer der dunklen Zeit mochten der Vergangenheit angehören, in der Erinnerung des Kontinents blieben sie aber sehr lebendig. Und mit ihnen der Wunsch nach Frieden.

In der Grenzregion von Deutschland, Luxemburg und Belgien, wo der Kontakt zu den ausländischen Nachbarn seit jeher zum Alltag gehört, blieb es nicht allein beim Wunsch. Dort, wo die Natur doch ohnehin signalisiert, dass dies- und jenseits etwaiger Landesgrenzen die gleichen Leben existierten und am gleichen Strang gezogen wird, entstand in den 1960er Jahren ein Musterbeispiel für Völkerverständigung und konstruktives Miteinander.

Woher die Idee dieses Parks zwischen den Ländern genau stammte, scheint in den Wirren der Geschichte verloren, doch bereits 1958, als der Naturpark Südeifel als erster Park seiner Art in ganz Rheinland-Pfalz gegründet wurde, zielte man sichtlich auf die Möglichkeit ab, diesen in späteren Jahren grenzüberschreitend auszuweiten. Die Hürden auf dem Weg zu dem hochgesteckten Ziel schienen allerdings unüberwindlich. Ein gemeinschaftlicher Naturraum für die Grenznachbarn, von dem alle wirtschaftlich wie ökologisch profitierten? Gut, die Nutzen des anvisierten Parks waren groß – doch würde die Rechts- und Gesetzeslage der beteiligten Länder eine Realisierung der Idee überhaupt zulassen? Würden Bürokratie und Misstrauen den Symbolcharakter nicht gleich im Keim ersticken, der einem grenzüberschreitenden Naturschutzgebiet im Nachkriegseuropa schon ganz automatisch anhaftete und den sich dieses in vollstem Bewusstsein auf die Fahnen schrieb? Würden sich die Mächtigen der einzelnen Nationen im Zeitalter industrieller Kooperationen überhaupt für ein »simples« Naturprojekt begeistern können?

Die geistigen Väter der Idee ließen sich von den Hürden jedenfalls nicht entmutigen. Denn die Nachbarn im Ausland waren für sie in erster Linie Nachbarn – und somit Gleichgesinnte. Frühe Treffen und Unterredungen bestätigten dann auch schnell, dass jenseits von Our und Sauer ebenfalls Interesse an einem gemeinschaftlich genutzten und organisierten Naturschutzraum existierte, der den besonderen Reiz der hiesigen Landschaft be-

période obscure peuvent bien appartenir au passé, dans la mémoire du continent elles restaient très vivantes. Et avec elles le souhait de la paix.

Dans la région frontalière entre l'Allemagne, le Luxembourg et la Belgique, où le contact avec les voisins étrangers fait depuis toujours partie du quotidien, on ne s'arrête pas au souhait. Là où la nature nous signale de toute façon, qu'il y a les mêmes vies humaines des deux côtés d'éventuelles frontières de pays, qu'on tire sur la même corde, se formait dans les années 1960 un exemple type pour le rapprochement des peuples et une entente constructive.

L'origine exacte de l'idée de ce parc entre les pays semble perdue dans les gouffres de l'histoire. Mais déjà en 1958, à la création du Naturpark Eifel du Sud (Südeifel) comme premier parc de son genre dans tout le Rhénani-Palatinat, on envisageait visiblement la possibilité d'élargir celui-ci plus tard au delà de la frontière. Mais les obstacles, sur le chemin vers ce but haut placé, semblaient insurmontables. Une réserve naturelle commune pour les voisins frontaliers, dont tous profitent économiquement comme écologiquement? En effet, les bénéfices du parc envisagés étaient grands – mais est-ce que le cadre juridique et législatif des pays concernés allait permettre la réalisation de cette idée? Est-ce que bureaucratie et méfiance n'allaient pas étouffer dans l'œuf le caractère symbolique, qui collait automatiquement dans l'Europe de l'après guerre à une réserve naturelle, et qui était aussi automatiquement et sciemment inscrit sur son drapeau? Est-ce que les puissants des différentes nations allaient pouvoir s'enthousiasmer, à l'époque de la coopération industrielle naissante, pour un projet de «simple» nature?

Les pères spirituels de l'idée ne se laissaient de toute façon pas décourager par ces obstacles. Parce que les voisins de l'étranger étaient pour eux en première ligne des voisins ayant le même esprit. Des rencontres de première heure et des entretiens confirmaient ensuite assez vite qu'outre Our et Sauer, existait aussi un intérêt pour une réserve naturelle utilisée et organisée en commun, qui allait souligner l'attrait si particulier du paysage

tonte, ihre Bewohner noch näher zusammenführte und vielleicht zum Nährboden weiterer, auch wirtschaftlicher Kooperationen werden mochte.

Als Vertreter Deutschlands und Luxemburgs am 17. April 1964 einen Staatsvertrag unterzeichneten und den Deutsch-Luxemburgischen Naturpark auf diese Weise offiziell begründeten, beendeten sie zugleich eine lange Phase der Vorbereitungen und der Unsicherheit. Der erste grenzüberschreitende Naturpark Europas war geboren und machte sich sogleich beispiellos auf, Geschichte zu schreiben.

local, faire se rapprocher encore plus ses habitants et devenir peut-être une terre nourricière pour d'autres coopérations, éventuellement aussi de nature économique.

Quand les représentants de l'Allemagne et du Luxembourg signaient le 17 Avril 1964 un traité national et le constituaient ainsi officiellement, ils mettaient également fin à une longue phase de préparations et d'incertitudes. Le premier parc naturel transfrontalier d'Europe était né et s'apprêtait toute suite, et d'une manière jusque là inédite, à écrire l'histoire.

Blickfang Normalität

Dabei ging und geht es in erster Linie natürlich um die Landschaft als solche. Der Deutsch-Luxemburgische Naturpark – ein Zusammenschluss mehrerer Naturräume, darunter die Naturparks Südeifel und Our sowie die Region Müllerthal – erstreckt sich auf ein Gelände von insgesamt etwa 789 Quadratkilometern, von denen circa 357 auf luxemburgischer und 432 auf deutscher Seite der Grenze liegen; im Norden schließt der Deutsch-Belgische Naturpark Hohes Venn an ihn an. Er ist geprägt von den optischen, geologischen und kulturellen Reizen und Bedingungen der Eifel, der Ardennen, des Ourtals und seiner weiteren Bestandteile. Sie formen ihn, nicht umgekehrt. Denn der Park dient nicht zuletzt dazu, der hiesigen Landschaft ihre natürliche Ursprünglichkeit zu bewahren. Er will für einen Fortschritt einstehen, dem niemand das Vergangene opfern muss. Er sorgt für Entwicklung und betont gleichzeitig das Jetzt und das Gestern. Im Zuge seiner entsprechenden Bemühungen wurden Kriegsschäden und -spuren ausgeglichen, wurden touristische Maßnahmen entwickelt, von denen die gesamte Region dauerhaft profitiert.

»Die vertragschließenden Länder«, so heißt es entsprechend im Gesetz zum Staatsvertrag von 1964, »werden dafür sorgen, daß für die zum Naturpark gehörenden Teile ihres Landes der Charakter als landschaftliches Vorzugsgebiet gewahrt und die Eignung als Erholungsgebiet für größere Teile der Bevölkerung gefördert wird.«

Und tatsächlich besticht der Park durch seinen ganz eigenen Charakter. Überall stößt der Besucher auf Schätze, die eine Entdeckung wert sind – seien es die vielen Burgen, Schlösser, Keltenhöhlen, römische Villen und anderen Relikte früher Besiedelung, seien es die historischen Ortskerne Echternachs und Neuerburgs, die beeindruckenden Wasserfälle von Irrel, die Teufelsschlucht, die geologischen Attraktionen des Daleidener Haus Isleks und viele, viele mehr. Der Westwall, der einen Teil des Parkgebiets noch immer durchzieht, mag ebenfalls ein Kriegsschaden sein, erinnert heute dank seiner historisch basierten Nutzung aber eindrucksvoll auch an die Ur-

Accroche regard : la normalité

Il s'agissait en première ligne du paysage en tant que tel, bien sûr. Le Parc Naturel Germano-Luxembourgeois – un regroupement de plusieurs espaces naturels, comme les parcs naturels Eifel du Sud et Our ainsi que la région Mullerthal – s'étend sur un site d'environ 789 kilomètres carrés, dont 357 du côté luxembourgeois et 432 du côté allemand de la frontière; au Nord il suit le Parc Naturel Germano-belge Hohes Venn. Il est marqué par les attraits visuels, géologiques et culturels et les conditions de la Eifel, des Ardennes, de la vallée de l'Our et de ses autres constituants. Ce sont eux, qui le forment et pas l'inverse. Parce que le parc sert aussi, et surtout, à garder son caractère naturel et authentique au paysage local. Il veut être le symbole d'un progrès, qui ne demande pas de lui sacrifier le passé. Il assure le développement et souligne en même temps le présent et le passé. Dans cette optique, les dégâts et traces de la guerre étaient équilibrés et les mesures touristiques développées profitent durablement à toute la région.

«Les pays concernés par le contrat», comme il est dit dans le traité international de 1964, «vont prendre soin de garder le caractère de site paysager protégé pour les parties de chaque pays, qui rentrent dans le parc naturel et promouvoir sa vocation de site de villégiature pour une grande partie de la population.»

Et le parc séduit en effet par son caractère tout à fait unique. Le visiteur rencontre partout des trésors, qui valent d'être découverts – que ce soient les nombreux châteaux forts, châteaux, grottes celtiques, villas romaines et d'autres reliquats de colonisations anciennes, comme les centres des bourgs de Echternach et Neuerburg, les chutes d'eau impressionnantes de Irrel, la Vallée du Diable, les attractions du Daleidener Haus à Islek et plein d'autres encore. La Ligne Siegfried (Westwall), qui traverse toujours une partie du parc, tout en étant un dégât de la guerre, rappelle aussi aujourd'hui, par son utilisation historique et de manière impressionnante, les origines du projet de parc naturel et l'on peut dire que de ces cendres est né ce phénix bien particulier. Les chemins de ran-

sprünge des Naturparkprojektes selbst, sozusagen an die Asche dieses ganz besonderen Phönix. Die Rad- und Wanderrouten, etwa in den Ardennen, laden zu faszinierenden Ausflügen ein. Aber vor allem besticht der grenzüberschreitende Schutzraum, den vorausschauende Köpfe begründeten und dessen Beschluss der rheinland-pfälzische Ministerpräsident Dr. Peter Altmeier, der luxemburgische Wirtschaftsminister Paul Elvinger und dessen Kollege vom Innenministerium Pierre Grégoire 1964 unterzeichneten, durch seine wichtigste und beeindruckendste Attraktion: durch die Natur selbst.

Ob Luxemburger Sandstein oder Eifler Islek, ob Ferschweiler Plateau oder »kleine luxemburger Schweiz« – die Gesamtregion präsentiert sich uns in unzähligen Facetten. Nehmen wir nur den pittoresken Schiessentümpel, einen Wasserfall mit drei Kaskaden, der zum Symbol der gesamten Region Müllerthal wurde. Nehmen wir die diversen Orchideen, welche die Kalkmulden des Naturparks Südeifel zieren. Nehmen wir die Wiesentäler an der Clerf, die Felsgärten der Luxemburger Schweiz, die Hügel im Bitburger Gutland, einer der wärmsten Gegenden Mitteleuropas, die vielen Streuobstwiesen ... Sie alle faszinieren Einheimische, Besucher und Forscher seit Jahrhunderten. Der Deutsch-Luxemburgische Naturpark existiert, damit dem so bleibt.

Nachhaltigkeit und Entschleunigung

Die Projekte, die Parkverwaltung und Bürger dazu angehen, haben nicht selten europaweiten Pilotcharakter. Man denke nur an das Renaturierungsprojekt Nat'Our und den neu geschaffenen NaturWanderPark mit seinen vielen hundert Kilometern Wegstrecke.

Die »Vereinigung Deutsch-Luxemburgischer Naturpark« mit Sitz in Irrel leitet die Geschicke des gesamten Gebietes und koordiniert die Bemühungen, doch überall bringen sich auch die Bürgerinnen und Bürger ein, tragen aktiv und kreativ zum Wohl der Region bei. Ganz, wie es die Absicht der Parkgründer war.

donnée, à pied ou en vélo, comme dans les Ardennes, invitent à des excursions fascinantes. Mais l'espace protégé transfrontalier, crée par des têtes clairvoyantes avec son contrat signé en 1964 par le ministre-président du Palatinat Rhénan Dr. Peter Altmeier, le ministre des économies luxembourgeois Paul Elvinger et son collègue du ministère intérieur Pierre Grégoire impressionne par son attraction la plus importante et impressionnante: la nature même.

Que cela soit le grès luxembourgeois ou l'Islek de la Eifel, le plateau de Ferschweiler ou «la petite Suisse luxembourgeoise» – la région entière se présente sous d'innombrables facettes. Prenons simplement le Schiessentümpel pittoresque, une chute d'eau avec 3 cascades, qui devient le symbole de toute la région Mullerthal. Prenons les diverses orchidées, qui ornent les dépressions calcaires du Parc Naturel Eifel du Sud. Prenons les vallons herbeux le long de la Clerf, les jardins de roches de la Suisse luxembourgeoise, les collines dans le Gutland de Bitburg, une des régions les plus chaudes d'Europe centrale, les multiples vergers de fruits ... Tout cela fascine les locaux, les visiteurs et chercheurs depuis des siècles. Le Parc Naturel Germano-Luxembourgeois existe pour que cela reste ainsi.

Durabilité et décroissance

Les projets, que l'administration du parc et les citoyens entreprennent ensemble, ont un caractère pilote au niveau européen. Comme le projet de remise en état de la nature «Nat'Our» et le nouveau NaturWanderPark (parc de randonnée nature) avec ses routes de plusieurs centaines de kilomètres.

La «Vereinigung Deutsch-Luxemburgischer Naturpark» (Association Parc Naturel Germano-Luxembourgeois) dont le siège est à Irrel, gère le destin de toute la région et coordonne les efforts, mais partout les citoyens et citoyennes participent et œuvrent activement et de façon créative

Dabei spielt natürlich auch die Folklore eine nicht unbedeutende Rolle. In einem Park, der sich Beständigkeit auf die Fahnen geschrieben hat, kann und darf es nicht verwundern, dass alte Bräuche und Traditionen gepflegt werden. Im Gegenteil: Entschleunigung ist eines der wichtigsten Schlagworte der Grenzregion und neben der Schönheit der Natur wohl der Hauptgrund für ihre Beliebtheit, auch bei den Touristen von nah und fern. So erinnert beispielsweise das Spargelfest in Longsdorf nicht von ungefähr an das historische Markusfest aus den Tagen vor der französischen Revolution, als tausende von Besuchern und Pilgern in den Luxemburger Ort strömten. Auch im Eisen- und Ofenmuseum in Hüttingen bei Lahr werden vergangene Jahrhunderte wieder lebendig. Und die Liste weiterer Beispiele ist lang.

Der Deutsch-Luxemburgische Naturpark steht für Nachhaltigkeit, das lässt sich zusammenfassend festhalten. Seine Gründer erwiesen sehr große Weitsicht, als sie sich 1964 auf den besagten Staatsvertrag und seine Philosophie einigten, denn noch heute wären viele der von Verwaltung

pour le bien de la région. Tout à fait dans l'esprit des fondateurs du parc.

Le folklore joue naturellement un rôle non négligeable dans tout cela. Dans un parc, qui a mis la persévérance sur ses drapeaux, on ne va pas s'étonner de voir cultiver les anciennes coutumes et traditions. Au contraire: décroissance est un des plus importants mots clés de la région frontalière et, à côté de la beauté de la nature, c'est probablement la raison principale de sa popularité chez les touristes venus de près et de loin. Ainsi, ce n'est pas un hasard si la fête de l'asperge à Longsdorf rappelle la fête historique de la Saint-Marc des jours avant la révolution Française, quand des milliers de visiteurs et pèlerins se rassemblaient dans le bourg luxembourgeois. Les siècles passés deviennent également vivants dans le musée du fer et des poêles à Hüttingen. Et la liste d'autres exemples est encore longue.

On peut finalement retenir, que le Parc Naturel Germano-Luxembourgeois représente la durabilité. Ses fondateurs montraient une très grande clairvoyance, quand ils se mettaient d'accord en 1964 pour ce contrat national et sa philosophie,

und Bürgern gestemmten grenzüberschreitenden Projekte ohne den Park nicht realisierbar, der als Multiplikator und Träger Pate stehen kann und dessen Vorbild Schule macht. Durch ihn lernten nicht nur die Bewohner der Nachkriegs-Grenzregion, sondern auch die politischen Systeme dies- und jenseits von Sauer und Our den Nutzen der Kooperation neu schätzen, und das oft trotz unterschiedlicher Mentalität und Förderstile.

sans laquelle encore aujourd'hui, beaucoup de projets transfrontaliers, entrepris par l'administration et les citoyens, ne seraient pas réalisables. Le parc a un effet multiplicateur et porteur et agit comme modèle. Grâce à lui les habitants de la région frontalière d'après guerre et également les systèmes politiques des deux côtés de Sauer et Our apprenaient à aimer de nouveau la coopération, et cela malgré des mentalités et des manières de vivre différentes.

Ideal mit Zukunft

Im Oktober 2014 feierte der Deutsch-Luxemburgische Naturpark sein fünfzigjähriges Bestehen. Er kann auf eine lange, erfolgreiche Geschichte zurückblicken – und die Bewohner der Grenzregion mit ihm. Was als Ideal der Nachkriegszeit begann, hat sich dank Einsatzwillen und Besonnenheit zum europäischen Musterbeispiel entwickelt und zeigt Besuchern aus nah und fern eindrucksvoll, wie vielseitig und schützenswert die hiesige Landschaft ist. Industrielle und touristische Gemeinschaftsprojekte, wie sie durch den Park ebenfalls entstehen, sind da gewissermaßen das Tüpfelchen auf dem i.

Und die grenzüberschreitenden Wanderbrücken wie jene nahe der Tintesmühle symbolisieren die Philosophie hinter dem Park bis heute. Ob Dörnauelsmühle, Gentingen, Echternacherbrück, Minden, Weilerbach oder die Georges-Wagner-Brücke direkt am Europamahnmal – die sieben Flussübergänge an Sauer und Our sind viel mehr als Wanderwegsetappen: Sie zeigen eindrucksvoll auf, was möglich ist, wenn Freiräume zugelassen werden und sich die Natur – auch die menschliche – im Guten entfalten darf. Diese Brücken erleichtern der heimischen Bevölkerung den Kontakt zu ihren europäischen Nachbarn und machen die Region und ihre Attraktionen für Besucher noch nahbarer, noch erfahrbarer. Die Grenzen, die der Krieg einst so stark betonte, scheinen im Deutsch-Luxemburgischen Naturpark aufgehoben, wenn man heute auf dessen Brücken steht. Natur und Kultur verbinden sich durch sie, bilden einen Brückenschlag.

Etwa einen Kilometer vom belgischen Ouren entfernt, wo sich Belgien, Luxemburg und Deutschland am Dreiländereck berühren, stehen fünf beeindruckende Megalite und erinnern an die Gründungsmitgliedsstaaten der Europäischen Vereinigung für Eifel und Ardennen. Das Mahnmal, das auch auf diese Weise deutlich vom Ideal namens Europa kündet, gilt seit seiner Einweihung im Jahr 1977 als eine der Hauptattraktionen des Deutsch-Luxemburgischen Naturparks. Unsere Region, so scheint auch diese Tatsache zu kommunizieren, hat die Zukunft eben nach wie vor fest im Blick. «

Idéal avec avenir

En Octobre 2014 le Parc Naturel Germano-Luxembourgeois fêtait son 50ième anniversaire. Il peut regarder en arrière sur le succès de sa longue histoire – et les habitants de la région frontalière avec lui. Ce qui débutait comme un idéal de l'après guerre, a évolué grâce au dévouement et à la circonspection, en exemple de type européen, et montre aux visiteurs, venus de près et de loin, d'une manière impressionnante la diversité et la sauvegarde du paysage sur place. Des projets communs, industriels et touristiques, qui naissent également avec le parc, sont pour ainsi dire le point sur le i.

Et les ponts transfrontaliers de randonnée, comme celui près de la Tintesmillen, symbolisent la philosophie du parc jusqu'à aujourd'hui. Que cela soit Dörnauelsmühle, Gentingen, Echternacherbrück, Minden, Weilerbach ou la Georges-Wagner-Brücke directement au mémorial d'Europe – les sept passerelles de rivière de Saur et Our sont beaucoup plus que des étapes sur un chemin de randonnée: ils montrent d'une manière forte ce qui est possible, quand on permet des espaces libres et quand la nature – celles des hommes aussi –peut s'épanouir en bien. Ces ponts facilitent le contact de la population locale avec ses voisins européens et rapprochent encore plus la région et ses attractions, la rendant plus accessible pour les visiteurs. Les frontières, que la guerre soulignait jadis si fortement, semblent effacées dans le Parc Naturel Germano-Luxembourgeois, si l'on se trouve aujourd'hui sur ses ponts. Nature et culture se rejoignent par eux, formant une passerelle.

À un kilomètre de l'Ouren en Belgique, là où se touchent la Belgique, le Luxembourg et l'Allemagne, s'érigent cinq mégalithes impressionnants et rappellent les états fondateurs de la «Europäische Vereinigung für Eifel und Ardennen» (association européenne pour l'Eifel et les Ardennes). Le mémorial, qui proclame de cette manière clairement l'idéal nommé Europe, passe depuis son inauguration en 1977 comme une des principales attractions du Parc Naturel Germano-Luxembourgeois. Notre région, cela semble en découler, est encore et toujours tournée résolument vers l'avenir. «

Höhlen im Müllerthal
Grottes dans le Mullerthal

Land der Legenden
Pays de légendes

In Hans Theis' Sagen präsentieren sich die Geschichte und die Geschichtchen der Region

Les légendes de Hans Theis présentent l'histoire et les histoires de la région

Sie erzählen vom Lochmännchen von Röhl, vom Pesteinzug in Bettingen, von Hexenprozessen und Geistersichtungen, sogar von der Inhaftierung Neuerburger Geißen durch die Obrigkeit – die vom 1975 verstorbenen Hans Theis' gesammelten Sagen zeichnen die Historie der Grenzregion in ganz besonderen Farben. Theis' Sohn Michael aus Dahlem und sein einstiger Schüler Willi Hermes aus Neuerburg halten sie bis in die Gegenwart lebendig.

Wilde Westeifel

Hand auf's Herz: Wissen Sie warum das beschauliche Phillipsheim an der Eifelbahnstrecke ausgerechnet diesen Namen trägt? Er geht auf den armen Fischer Philipp Probst zurück, der dort vor gut zweihundert Jahren in einer kleinen Hütte hauste. Wann immer Probst seinen Fang in den benachbarten Gemeinden verkaufte, landete er über kurz oder lang in den dortigen Gaststätten – und blieb und zechte so lange, dass die Wirtsleute ihn mit einem entschiedenen »Phillip, geh heim« vor die Tür setzten. Und ein Ortsname war geboren.

Elles racontent l'histoire du Lochmännchen de Röhl, de l'entrée de la peste à Bettingen, des procès aux sorcières et des visions de fantômes, même de l'incarcération des chèvres de Neuerburg par les autorités. Les légendes qu'a collectionnées Hans Theis, qui est décédé en 1975, illustrent l'histoire de la région frontalière sous des couleurs bien particulières. Son fils Michael de Dahlem et son élève Willi Hermes de Neuerburg les gardent bien vivantes.

L'Eifel ouest sauvage

Avouez: est-ce que vous savez pourquoi le paisible Phillipsheim au bord de la ligne de train de l'Eifelbahn, porte ce nom? Il se réfère au pauvre pêcheur Philipp Probst, qui vivait là il y a bien deux cents ans dans une misérable cabane. Chaque fois qu'il avait vendu sa pêche dans les villages voisins, il atterrissait tôt ou tard dans un des bistrots où il restait et buvait jusqu'à ce que les aubergistes le mettent à la porte avec un ferme «Philipp, geh heim» (rentre à ta maison). Et un nom de lieu était né.

So will es zumindest die Legende …

Nein, der typisch Eifler Humor und oft auch atmosphärischer Grusel kommen nicht zu kurz, wenn man sich in den Texten des Heimatkundlers, Pädagogen und grenzüberschreitend denkenden Kommunalpolitikers Hans Theis (1921 – 1975) verliert, der als Lokaljournalist auch schon früh über den Deutsch-Luxemburgischen Naturpark berichtete. Stilsicher und mit einem geschulten Auge für das Besondere versammelte der einstige Rektor der Grund- und Hauptschule Neuerburg in mühevoller Fleißarbeit in seinen Archiven, was die Region ihm in den Block diktierte. Die Früchte seiner Arbeit, insbesondere aber seine Sagen und Schnurren erzählen bis heute von der mal bauernschlauen, mal eher fatalistischen Wesensart der Westeifler; sie spiegeln die Schönheit der hiesigen Natur ebenso wider wie ihre reizvolle Einsamkeit. Und sie erweisen sich nachgerade als lebendige Geschichtschreibung, denn Theis' Sammlung, aus der er zu Lebzeiten wiederholt kleine Heftchen publizierte, berichtet uns von weit zurückliegenden Jahrhunderten.

Michael Theis, der Sohn, war acht, als Hans Theis verstarb. Die Beschäftigung mit dem schriftstellerischen und journalistischen Nachlass brachte den heutigen Kreisverwaltungsangestellten aus Dahlem seinem Vater im Nachhinein näher als je zuvor. Und nicht nur ihn; auch die eigene Heimat: In Sagen wie dem vom feurigen Reiter aus Irrel lernte auch Michael Theis das Ferschweiler Plateau ganz neu kennen. Und Hans Theis' übrige Leser mit ihm.

»Hans Theis war mein Schulleiter«, erinnert sich einer dieser Übrigen, Willi Hermes, der Theis' Sagen Anfang der 1990er Jahre erstmals zu einem Buch zusammenstellte und sie seitdem gemeinsam mit Michael pflegt. »Er hat sich nach meiner Ausbildung sehr dafür stark gemacht, dass ich ebenfalls in meiner Heimat arbeiten konnte. An ihm faszinierte mich stets seine besondere Liebe zur Eifel.« Auch Hermes interessierte sich schon früh für Heimatkunde, und Rektor Theis mit seinen Lichtbildvorträgen, Wanderführern und weiteren publizistischen Wirken hinterließ bei ihm

C'est du moins ce que raconte la légende …

Non, l'humour typique de l'Eifel et souvent aussi une atmosphère d'épouvante, ne sont pas de reste, si l'on en croit les textes du chroniqueur local, pédagogue et politicien communal aux visions transfrontalières Hans Theis (1921–1975), qui écrivait très tôt sur le Parc Naturel Germano-Luxembourgeois en tant que journaliste local.

L'ancien principal de l'école primaire et du collège de Neuerburg collectionnait, avec une sensibilité pour l'écriture, un œil exercé pour l'inattendu et une attitude de fourmi dans ses archives, ce que la région lui dictait dans son bloc. Les fruits de son travail, mais spécialement ses légendes et farces racontent encore aujourd'hui la mentalité parfois rusée de paysan, parfois plutôt fataliste des gens de l'ouest de l'Eifel. Elles reflètent la beauté de notre nature comme sa séduisante solitude. Et elles se révèlent comme écrits d'histoire vivants, parce que la collection de Theis, qui sortit de son vivant à plusieurs reprises sous forme de petits fascicules, nous raconte les siècles passés.

Michael Theis, le fils, avait huit ans à la mort de son père. Le travail sur les archives d'écrivain et journaliste de son père rapprochait l'actuel cadre administratif de Dahlem bien plus que jamais de ce dernier. Et pas seulement de son père, mais aussi de son propre pays: des légendes, comme celle du chevalier ardent d'Irrel, apprenaient à Michael Theis à voir le plateau de Ferschweiler sous un angle nouveau. Comme aux autres lecteurs de Hans Theis.

«Hans Theis était mon principal d'école» se souvient l'un d'entre eux, Willi Hermes, qui réunissait pour la première fois au début de 1990 ces légendes sous la forme d'un livre et qui s'en occupe depuis avec Michael. «Il m'a soutenu très fort après ma formation, pour que je puisse aussi rester travailler dans mon pays. Son amour de l'Eifel m'a toujours fasciné.»

Hermes s'intéresse aussi assez tôt aux folklores locaux et le Principal Theis avec ses diaporamas, ses guides de randonnée et autres travaux publicitaires a laissé des traces profondes et durables chez lui, et, jusqu'à aujourd'hui, partout dans

– wie überall in der Region, so scheint es bis heute – großen und nachhaltigen Eindruck. Vierzehn Leitz-Ordner umfasse allein die Sammlung seiner journalistischen Veröffentlichungen, gibt Michael Theis an – die vielen Sagen, Lieder, Gedichte und dergleichen noch nicht mitgezählt. »Da fragt man sich schon, wie mein Vater überhaupt die Zeit für all das fand.«

Phantasie mit Charakter

Dass er sie fand, ist aber ein bleibender Glücksfall für jeden, der sich für diese Gegend und ihren Charakter interessiert. Fernab von den Hochglanzprospekten und Werbetexten der Tourismusbranche, fernab der nüchternen Fakten unserer Geschichtsbücher offerieren uns Vater und Sohn Theis nebst Willi Hermes eine Westeifel, wie sie wahrer (und doch auch phantasievoller) kaum sein kann, aufbereitet in Erzählungen, die die Region selbst schrieb und die Hans Theis aufmerksam und mit viel Sprachgefühl protokollierte. In diesen Sagen hören wir von Kelten, Franken und Römern und erleben vor dem geistigen Auge nach, welchen Einfluss sie auf die Gegend hatten und haben. Wir hören vom Dreißigjährigen Krieg, von verwunschenen Wäldern und gewitzten Bürgern. Vom Dudeldorfer Pestflämmchen, vom Klöppelkrieg, vom bärtigen Christkind.

Die nahezu komplett selbst finanzierte Erstauflage seines Sagenbuches – immerhin stolze tausend Exemplare – konnte Willi Hermes 1991 binnen weniger Monate an die Leser bringen. Da die Nachfrage jedoch nie nachließ und der Kontakt zur Familie Theis bestehen blieb, liegt nun seit 2013 eine überarbeitete Neuausgabe vor, aus der wir mit freundlicher Genehmigung der beiden Herren ausgewählte Sagen beispielhaft nachdrucken dürfen. «

la région. La collection de ses publications journalistiques remplit pas moins que quatorze gros classeurs, nous dit Michael Theis – sans compter les nombreuses légendes, chansons et poèmes. «Parfois je me demande, quand est-ce que mon père trouvait le temps pour tout cela.»

Fantaisie plein de caractère

Et c'est une bonne chose qu'il ait trouvé ce temps, pour tous ceux qui s'intéressent au secteur et à son caractère. Loin des brochures brillantes et glacées et des textes marketing de la branche touristique, loin des faits crus de nos livres d'histoire, père et fils Theis, avec Willi Hermes, nous présentent l'Eifel ouest de façon très réaliste (et fantaisiste), retravaillée dans des histoires écrites par la région elle-même, attentivement retranscrites par Hans Theis.

Dans ces légendes, nous apprenons beaucoup sur les Celtes, Francs et Romain et revivons quelle influence ils avaient et ont encore sur la région. Nous entendons parler de la Guerre de trente ans, des forêts enchantées et des citoyens rusés. Du Dudeldorfer Pestflämmchen, de la Guerre des gourdins, de l'enfant Jésus barbu aussi.

Willi Hermes vendait en quelques mois aux lecteurs la première édition presque entièrement autofinancée en 1991 – tirée quand même à milles exemplaires. Comme la demande n'a jamais faibli et qu'il gardait le contact avec la famille Theis, il a pu sortir en 2013 une nouvelle édition. Les deux hommes nous ont gentiment autorisés à reproduire quelques légendes choisies comme exemple ici. «

Die Sage raunt in alten Mauern
La légende murmure entre murs anciens

von Hans Theis, Neuerburg/Eifel (Auszug)

de Hans Theis, Neuerburg/Eifel (Extrait)

Die Sage von der »Weißen Jungfrau«

Am Wege von Ferschweiler nach Holsthum liegt oben auf der Höhe rechts von der Straße ein Moor, wo früher eine römische Siedlung war. Aus dem Moor sollte zur Mitternacht eine weißgekleidete Jungfrau mit einem weißen Schleier heraussteigen.

Sie ging dann quer über einen Waldweg zum Heidenbaumsmoor. Dort verschwand sie im Moor. Viele Leute haben gesagt, sie hätten die Frau gesehen. Ein Maurer aus dem Oberdorf hatte eine Frau aus Oberweis. Einmal war dieser dorthin gegangen, um Geld zu holen. Er hatte seiner Frau versprochen, er wäre vor Dunkelheit daheim. Es wurde aber Nacht, und er war immer noch nicht da. Da gingen die Frau und ihre älteste Tochter ihm entgegen. Es war schon sehr spät. Als sie in den Großenbüsch kamen, war es zwölf Uhr. Vor ihnen leuchtete das Moor im matten Mondschein. Auf einmal erblickten sie am Rande der Straße die weiße Frau. Sie sahen deutlich, wie der Schleier der Frau im Winde flatterte. Die beiden schrien vor Angst laut auf. Sie umarmten sich, damit keiner geholt werden sollte. So standen sie lange zitternd und zagend und schauten die Frau an, und die Frau schaute still auf sie nieder. In höchster Not hörten sie schwere Schritte von der Holsthumer Seite

La légende de la «Dame Blanche»

Sur le chemin de Ferschweiler à Holsthum se trouve un marécage sur la hauteur à droite de la route, là où il y avait un campement de Romains dans le temps. On dit qu'une jeune femme toute de blanc vêtue et portant un voile blanc sortait du marécage à minuit.

Elle traversait ensuite un chemin forestier pour aller au Heidenbaumsmoor. Là, elle disparaissait dans le marécage. Beaucoup de gens disaient l'avoir vu.

Un maçon d'Oberdorf avait une femme d'Oberweis. Il y alla une fois pour chercher de l'argent. Il avait promis à sa femme de rentrer avant la nuit. Mais la nuit tomba et il n'était toujours pas rentré. La femme et sa fille ainée allèrent à sa rencontre. Il était déjà très tard. Quand elles arrivèrent au Großenbüsch il était déjà minuit.

Devant elles le marécage brillait au faible clair de lune. Soudain, elles virent au bord de la route la femme blanche. Elles voyaient bien son voile flotter dans le vent. Toutes les deux crièrent fort de peur. Elles s'étreignirent, pour qu'on ne puisse pas les enlever. Elles restèrent longtemps tremblantes et angoissées en regardant la femme et la femme les contemplait en silence. Dans leur grande détresse elles entendirent des pas lourds

herkommen. Es war der gesuchte Mann und Vater. Zitternd erzählten die beiden ihm, was sie erlebt hatten. Als der Mann sich umwandte, um auf die Frau loszugehen, war sie nicht mehr zu sehen. Die zwei Frauen haben später geschworen, die weiße Frau wäre da gewesen.

Der Fischer und der feurige Reiter von Irrel

Einmal ging ein Mann aus Irrel mit Netz und Sack hinunter zur Prüm, um zu fischen. Er saß am Ufer und starrte nach Fischerart in das Wasser, um den Fischen aufzulauern. Allmählich färbte sich gen Westen der Himmel rötlich. Es sah so aus, als ob es im Walde brenne. Der Feuerschein wurde heller und heller. Plötzlich glaubte der Fischer in ihm einen Reiter, ein Pferd und ein Schwert zu erkennen. Als er näher hinsah, gewahrte er auf dem Schwerte eine Inschrift, die lautete:

»Wer vom Schwert getroffen wird, wer es auch sei, er stirbt!«

Darüber erschrak der Fischer zu Tode und lief nach Hause. Verstört erzählte er seiner Frau sein Erlebnis. Danach legte er sich erschöpft zu Bett.

Als seine Frau am anderen Morgen nach ihm sah, um ihn zu wecken, fand sie ihren Mann tot im Bette liegen.

Eine unheimliche Begegnung

Ein alter Schuster aus Irrel ging eines Morgens zur Arbeit in das Nachbardorf Prümzurlay. Da er viele Schuhe vorfand, die geflickt werden sollten, verspätete er sich und ging erst in der Dämmerung nach Hause. Als er in den Münsterwald kam, stand dort ein Mädchen und weinte. Der Schuster fragte das Mädchen nach seinem Kummer. Das Mädchen antwortete, es habe sich im Walde verirrt und könne den Weg nach Prümzurlay nicht finden. Der Schuster, der ein mitleidiges Herz hatte, tröstete das Mädchen und brachte es auf den richtigen Weg. Als sie die Häuser des Dorfes vor sich sahen, verabschiedete sich der Schuster und ging den gleichen Weg wieder zurück. Aber wie

s'approcher du côté de Holsthum. C'était leur mari et père recherché. Tremblantes, les deux femmes lui racontèrent ce qui leur était arrivé. Quand l'homme se retourna pour aller vers la femme, elle avait disparu. Les deux femmes jurèrent ensuite que la femme blanche avait été là.

Le pêcheur et le chevalier ardent d'Irrel

Une fois, un homme d'Irrel alla avec filet et sac à la Prüm pour pêcher. Il s'assit au bord et fixa l'eau à la manière des pêcheurs, pour épier les poissons. À l'Ouest, le ciel devint peu à peu rougeâtre. On aurait pu croire que la forêt était en feu. La lueur du feu devenait de plus en plus claire. Soudain, le pêcheur cru y voir un chevalier, un cheval et un glaive. Quand il regarda de plus près, il aperçut une inscription sur le glaive qui disait:

«Celui qui sera touché par le glaive, qui qu'il soit, il mourra!»

Cela effraya terriblement le pêcheur et il courut à la maison. Hagard, il raconta son aventure à sa femme. Ensuite il se coucha épuisé dans son lit.

Quand sa femme alla le voir le lendemain matin pour le réveiller, elle trouva son mari mort dans son lit.

Une rencontre insolite

Un vieux cordonnier d'Irrel allait le matin travailler dans le village voisin de Prümzurlay. Comme il avait beaucoup de chaussures à réparer, il finissait toujours tard et ne rentrait chez lui qu'à la tombée de la nuit. Quand il arriva dans le Münsterwald, il vit une fille qui pleurait. Le cordonnier demanda à la fille la raison de sa peine. Elle répondit qu'elle s'était perdue dans la forêt et ne retrouvait pas le chemin vers Prümzurlay. Le cordonnier, qui avait le cœur compatissant, consola la fille et l'amena sur le bon chemin. Quand ils virent les maisons du village, il lui dit au revoir et retourna sur son chemin. Mais quelle ne fût pas sa frayeur quand il vit la fille au même endroit que précédemment, lui demander de nouveau son chemin. Il

erschrak der Mann, als an der gleichen Stelle wie vorher das Mädchen stand und ihn abermals nach dem Wege fragte. Hierüber war der Schuster so entsetzt, dass er, ohne sich um das Mädchen zu kümmern, schnell nach Hause lief.

Erst viele Jahre später hatte er seinen Freunden von der unheimlichen Begegnung erzählt.

Übermut tut selten gut

Die Wiesen, die auf der rechten Prümseite liegen und »In der Kaul« genannt werden, sollen früher ein Sumpfgelände gewesen sein, das meist unter Wasser stand. Hier pflegten die Knechte ihre Pferde zu säubern. Einst sah ein Knecht, der dort seine Pferde waschen wollte, jenseits des Sumpfes drei ihm unbekannte Mädchen, die Wäsche bleichten. Die Mädchen winkten ihm freundlich zu und riefen, er solle doch über den Sumpf reiten und ihnen Gesellschaft leisten. Dem Knecht kam es nicht geheuer vor. Er zögerte und reinigte seine Pferde weiter. Doch als er kurz darauf wieder zu der Stelle hinsah, und die Mädchen ihm wieder zuwinkten und riefen, wurde er von Neugier und Übermut gepackt. Er wollte seine Pferde durch den Sumpf führen, aber sie sträubten sich. Als spöttisches Lachen über sein vergebliches Bemühen zu ihm herüberdrang, wurde er zornig, schwang sich auf eines der Pferde und trieb es mit Peitschenhieben in den Sumpf. Pferd und Reiter sanken mit jedem Schritt tiefer ein, bis sich der Sumpf brodelnd über ihnen schloss.

Artioni Biber

Ein römischer Kaufmann namens Biber reiste einmal über Land. Sein Weg führte ihn an der Schweigestelle vorbei. In einer Felsenhöhle hauste ein Bär. Der Kaufmann musste mit seinem Gespann an diesem Felsen vorbeifahren. Schon von weitem sah er die Höhle des Bären. Da betete er zur Bärengöttin Artio: »Wenn du mich aus dieser Gefahr errettest, will ich dir ein Opfer darbringen.« Das Untier wartete schon auf ihn. Doch der Kaufmann zog mutig sein Messer und ging auf den Bären zu. Der ließ ein grauenhaftes Brummen hören. Nun stan-

fut tellement horrifié qu'il courut vite à la maison, sans s'occuper d'elle.

Ce n'est que beaucoup d'années plus tard qu'il raconta cette rencontre terrifiante à ses amis.

Prudence est mère de sûreté

Les prés du côté droit de la Prüm, qu'on appelle «In der Kaul», étaient dans le temps des marécages qui se trouvaient la plupart du temps sous l'eau. C'est ici que les valets avaient l'habitude de nettoyer leurs chevaux. Un jour, un valet qui voulait y laver ses chevaux, vit trois filles inconnues de l'autre côté du marécage, qui blanchissaient leur linge. Les filles lui firent gentiment un signe de la main et lui crièrent de chevaucher à travers le marécage, pour leur tenir compagnie. Le valet trouva cela pas très sûr. Il hésita et continua à nettoyer ses chevaux.

Mais, quand peu de temps après il regarda de nouveau au même endroit et que les filles le hélèrent de nouveau et l'appelèrent, il fut pris de curiosité et d'excitation. Il voulu guider ses chevaux à travers le marécage, mais ils refusèrent de le suivre. Quand il entendit un rire moqueur en essayant en vain, il fut pris de colère, sauta sur un des chevaux et le chassa avec des coups de trique dans le marécage. Cheval et chevalier s'enfoncèrent de plus en plus profondément à chaque pas, jusqu'à ce que le marécage se ferme sur eux.

Artioni Biber

Un marchand romain nommé Biber voyageait à travers la campagne. Son chemin l'amena devant la Schweigestelle. Dans une grotte du rocher vivait un ours. Le marchand devait passer devant ce rocher avec son attelage. Il voyait déjà la grotte de l'ours de loin. Il pria la déesse des ours, Artio: «Si tu me sauves du danger, je veux t'offrir un sacrifice».

Le monstre l'attendait déjà. Mais le marchand tira courageusement son couteau et alla vers l'ours. Celui-ci fit entendre un grondement terrible. Ils étaient face-à-face, ours contre homme. L'ours leva sa patte avant et frappa le marchand. Mais

den sie Mann gegen Mann. Der Bär hob seine Vordertatze und schlug auf den Kaufmann ein. Doch dieser wich geschickt dem Schlage aus und stach dem Ungetüm das Messer ins Herz. Dann kniete der Kaufmann nieder und dankte seiner Göttin.

Zum Dank meißelte der Kaufmann Biber folgende Inschrift in die Felswand: Artioni Biber.

Urar und Lucius

Mach, dass du wegkommst!«, knurrt der Wachsoldat am Südtor der römischen Festung Beda. Die lange Lanze senkt sich wie ein Schlagbaum vor die Einfahrt. Der kleine Keltenjunge Urar weicht erschrocken zurück. Dann huscht er eilig hinter den aus mächtigen Quadern erbauten Turm. Er ist von dem Landgut ausgerissen, wo er als Feldsklave beschäftigt war. Vater und Mutter sind vor einem Jahr an ein anderes Landgut als Sklaven verkauft worden; seitdem hatte er keine gute Stunde mehr. Nun will er in die Festung Beda, von der er schon so viel gehört hat.

Auf der breiten Straße nähert sich ein Wagenzug. Ochsen mit mächtigen Hörnern ziehen die zweirädrigen Karren. Während der Kaufmann mit dem Wachsoldaten verhandelt, schleicht Urar an den letzten Karren heran.

Geschickt klettert er hoch und schlüpft unter die Plane. Kurze Zeit später setzt sich der Wagenzug wieder in Bewegung. Unter der Plane wird es vollends dunkel, als der Wagen durch das Tor knarrt. Dann holpern die Räder über die Steinpflaster. Neugierig schlägt Urar die Plane zurück. Er blickt in eine lange, von Steinbauten eingefasste Straße, deren Ende in das dunkle Tor verschwindet. Behände schwingt er sich vom Wagen; seine Holzsandalen klatschen laut auf das Pflaster. Staunend bleibt Urar stehen. Was gibt es hier nicht alles zu sehen! Viele Menschen beleben die Straßen, und das Stimmengewirr ist für ihn ganz ungewohnt. Das Erdgeschoss fast aller Häuser ist zur Straße hin offen. Händler haben hier ihre Waren ausgestellt. Ein bärtiger Mann, bekleidet mit einem lang herabwallenden römischen Mantel, bietet auf einem Tisch kleine Statuen von Göttern und Göttinnen feil. Unter dem nächsten torartigen Bogen

celui-ci l'évita habilement et enfonça son couteau dans le cœur du monstre. Juste après, le marchand se mit à genoux pour remercier sa déesse.

Comme remerciement, le marchand Biber grava l'inscription suivante dans le rocher: Artioni Biber.

Urar et Lucius

«Va-t-en!» grogna le soldat de garde à la porte sud de la forteresse romaine de Beda. La longue lance se baissa comme une barrière devant l'entrée. Urar, le petit garçon Celte se retira effrayé. Ensuite il se faufila vite derrière la tour construite de blocs énormes. Il venait de s'enfuir du domaine où il travaillait comme esclave dans les champs. Son père et sa mère avaient été vendus un an auparavant comme esclaves dans un autre domaine agricole; depuis il n'avait plus eu une heure heureuse. Maintenant, il voulait rentrer dans la forteresse Beda, dont il avait déjà tant entendu parler.

Une caravane d'attelages s'approcha sur la route large. Des bœufs aux cornes puissantes tiraient des charrettes à deux roues. Pendant que le marchand négociait avec les soldats de la garde, Urar s'approcha en cachette de la dernière charrette.

Il y grimpa habilement et se cacha sous la bâche. Peu après, la caravane avança de nouveau. Il faisait complètement noir sous la bâche quand la charrette passa la porte en grinçant. Les roues chahutèrent sur le pavé. Curieux, Urar ouvrit la bâche. Il vit une longue rue bordée de bâtiments en pierre, dont la fin disparaissait dans l'ombre du portail. Adroit, il sauta de la charrette; ses sandales en bois claquèrent fort sur le pavé. Il s'arrêta étonné. Tout ce qu'il y avait à voir ici! Il y avait beaucoup d'hommes dans la rue et le brouhaha des voies était très inhabituel pour lui. Le parterre de presque toutes les maisons était ouvert côté rue. Des marchands offraient ici leurs marchandises. Un homme barbu, vêtu d'un long manteau romain ondulant, étalait sur une table des petites statuettes de dieux et déesses.

Sous la voûte suivante, un marchand criait pour vendre ses poteries; il portait un vêtement sans manche et le capuchon des habitants celtes. En face, une joyeuse bande chahutait autour des ta-

ruft ein Händler seine Töpferwaren aus; er trägt das ärmellose Gewand und die Kapuze der keltischen Bevölkerung. Gegenüber lärmt eine fröhliche Gesellschaft an grob geschreinerten Tischen. Der Schenkwirt gießt aus einem Tonkrug goldgelben Wein in die Becher der Trinker und streicht zufrieden die kupfernen und silbernen Münzen ein. Daneben der Stand eines Stoffhändlers, der von Frauen und Mädchen umringt ist.

»Aus dem Weg, Schlingel!« Eine rauhe Stimme reißt Urar aus seinen Betrachtungen. Schnell springt er zur Seite, denn ein römischer Hauptmann in schimmernder Rüstung und hoch zu Pferde hat ihn so barsch angefahren. Urar stolpert und fällt in den Schmutz der Straße. Einige Jungen in der Nähe lachen laut. Aber einer läuft zu ihm hin und fragt teilnahmsvoll, ob er sich weh getan hat. Urar verneint, während er verlegen den Schmutz von seinem rauhen Gewand abklopft. Der fremde Junge hat in der Sprache der Römer gefragt. Aber Urar hat genügend Latein gelernt, um ihn verstehen zu können. Er blickt den kleinen Römer an. Der schwarzhaarige Knabe ist wohl gleichaltrig. Er trägt

bles en bois brut. L'aubergiste versait du vin doré dans leurs gobelets et encaissait, content, les pièces de cuivre et d'argent. À côté, l'étal d'un marchand de tissu était entouré de femmes et de filles.

«Pousse-toi, garnement!» Une voix rauque tira Urar de ses contemplations. Il sauta vite de côté parce qu'un capitaine romain en harnais étincelant et haut sur son cheval l'avait interpelé si brusquement. Urar trébucha et tomba dans la saleté de la rue. Quelques garçons à proximité se mirent à rire fort. Mais un d'eux accouru et lui demanda, compatissant, s'il s'était fait mal. Urar dit que non, tout en enlevant, embarrassé, la poussière de son habit. Le garçon étranger lui avait parlé dans la langue des Romains. Mais Urar avait appris assez de latin pour

eine wollene Toga, ein weites, auf der Schulter zusammengehaltenes und mit einem schmiegsamen Leder gegürtetes Gewand. Die braunen Füße stecken in feinen Ledersandalen mit silberglänzenden Schnallen. »Du bist hier fremd?« fragt der Junge. Urar nickt schüchtern. Da nimmt ihn der Römerjunge an der Hand und geht mit ihm an den Ständen und Häusern entlang.

Lucius, so heißt sein neuer Freund, kennt alle Straßen, Häuser und Winkel der Festung Beda. Die Lagerstraße führt bald auf einen freien Platz. Hier haben die Häuser mehrere Stockwerke. Die Nischen für die Verkaufsläden fehlen. Die Fenster im Erdgeschoss sind schmal. Im oberen Stockwerk ist zur Straßenseite meist eine Veranda, die als flaches Dach einen Teil des Erdgeschosses überdeckt. Gelbrote Ziegel überdachen Haus und Veranda. Im Hintergrund ist ein besonders großes Haus zu sehen. Eine breite Treppe aus Sandstein führt zu den drei großen nebeneinander liegenden Türen hinauf. »Das ist das Haus des Kommandanten«, erklärt Lucius. »Und die niedrigen, langgestreckten Häuser links und rechts der Gassen sind die Rasthäuser für die Soldaten«, fährt Lucius fort, indem er auf die beiden schmalen Straßen zeigt, die beiderseits des prächtigen Hauses auf den Platz münden. »Und sieh, dort drüben das Haus mit der Weinlaube gehört meinem Vater. Du kannst ruhig mitkommen«, redet Lucius seinem Freund zu, als dieser ihn fragend anblickt.

An der schweren Eichentür ist ein kleines Hämmerchen befestigt, das Lucius anhebt und fallen lässt. Ein dumpfer Ton hallt durch das Haus. Alsbald bewegt sich die Tür, und der geschorene Kopf eines Sklaven erscheint im geöffneten Spalt. Während dieser sich verneigt, schlüpfen Lucius und Urar hinein. Sie stehen in einer Halle, die sich nach hinten zu einem Innenhof öffnet. Um den

pouvoir le comprendre. Il regarda le petit Romain. Le garçon aux cheveux noirs était probablement de son âge. Il portait une toge en laine, un habit large qui était ramassé sur l'épaule et entouré d'un cuir souple. Les pieds marron étaient dans des sandales fines en cuir avec des boucles argentées. «Tu n'es pas d'ici?» demanda le garçon. Urar acquiesça timidement. Et le garçon Romain le prit par la main et l'entraina avec lui le long des étals et des maisons.

Lucius, c'est comme cela que s'appelait son nouvel ami, connaissait toutes les rues, les maisons et coins de la forteresse Beda. La rue des entrepôts mena bientôt sur une place vide. Ici les maisons avaient plusieurs étages. Les niches pour les échoppes manquaient. Les fenêtres du rez-de-chaussée étaient étroites. Dans l'étage supérieur, il y avait la plupart du temps une véranda, qui donnait sur la rue et qui couvrait avec un toit plat une partie du parterre. Des tuiles jaune-rouges couvraient maison et véranda.

En arrière, on voyait une maison particulièrement grande. Un escalier large en grès montait vers trois portes côte-à-côte. «C'est la maison du commandant» expliqua Lucius. «Et les maisons basses et longues à droite et à gauche des ruelles sont des hébergements pour les soldats» continua Lucius en montrant les deux rues étroites qui arrivaient à droite et à gauche de la belle maison sur la place. «Et regarde, la maison là-bas avec la vigne vierge appartient à mon père. Tu peux venir avec moi». Lucius rassura son ami quand celui-ci lui envoya un regard dubitatif.

Sur la lourde porte en chêne était fixé un petit marteau que Lucius souleva pour le laisser tomber. Un son sourd traversa la maison. Rapidement la porte bougea et la tête rasée d'un esclave apparue dans l'ouverture. Pendant qu'il faisait sa révérence, Lucius et Urar entrèrent vite. Ils étaient

Hof läuft ein überdachter Säulengang. Aus diesem Gang führt eine Reihe von Türen in die Zimmer der Familie. Die Mitte des Innenhofes nimmt ein Wasserbecken ein. Es ist so angelegt, dass das Regenwasser von den Dächern und dem Säulengang hineinfließen kann.

»Mein Vater ist Kaufmann«, erklärt Lucius stolz. »Er kauft von den Kelten Felle auf und bringt aus Italien Glaswaren mit.« Dann zeigt er Urar die großen Lagerräume beiderseits der Eingangshalle.

»Darüber im ersten Stock befindet sich der Festsaal, durch den man auf die Veranda am Platz gelangen kann«, sagt Lucius und zeigt auf Treppen, die beiderseits der Haustüre hinaufführen.

»Und hier geht es hinunter in den Keller!« Sie steigen eine schmale Treppe hinab. Der Keller ist niedrig, dunkel und feucht. Lucius öffnet eine Luke. Ein Lichtstreif fällt herein und beleuchtet auf der gegenüberliegenden Seite eine verrußte Öffnung, ähnlich der eines Backofens. »Das ist unsere Heizung«, erklärt Lucius und lacht, als er das verdutzte Gesicht des Urar sieht. »Die Wärme des Feuers geht von hier aus in Kaminen bis in die einzelnen Zimmer. An die Kamine sind die hohlen Ziegelsteine der Fußböden angeschlossen. So kann die Wärme dieses großen Ofens alle Zimmer des Hauses heizen«. Urar weiß, dass sich auch in dem Landhaus, in dessen Nähe er bisher lebte, eine solche Heizung befindet. Aber gesehen hat er so etwas bisher noch nicht.

Dann steigen beide wieder in die Halle hinauf, und Urar begleitet Lucius in dessen Zimmer am Säulengang. Hier findet die Mutter des Lucius beide Knaben, wie sie in ein Brettspiel mit bunten Steinen vertieft sind. Lucius stellt seinen neuen Freund vor, und Urar darf die Nacht über im Hause des römischen Kaufmanns bleiben.

Die Hausfrau findet Gefallen an dem anstelligen Keltenjungen. Sie beauftragt den Hausverwalter, Urar von seinem bisherigen Herrn loszukaufen. In der Folgezeit ist Urar der ständige Begleiter und Spielgefährte des Lucius. Beide werden gemeinsam erzogen und unterrichtet. Urar ist zwar immer noch ein Sklave. Gewiss aber wird er später von dem Spielgefährten seiner Jugend freigelassen. Und vielleicht wird er einmal zu den Vornehmen seines keltischen Volkes gezählt werden. «

dans un hall qui s'ouvrait à l'arrière sur une cour intérieure. Autour de la cour se trouvait une colonnade couverte. De là une rangée de portes menait dans les chambres de la famille. Le milieu de la cour était pris par un bassin. Il était construit de façon à pouvoir récupérer l'eau de pluie, qui coulait des toits et de la colonnade.

«Mon père est marchand», expliqua Lucius fièrement. «Il achète des peaux aux Celtes et ramène des objets en verre d'Italie.» Ensuite il montra à Urar les grands entrepôts des deux côtés de la salle d'entrée. «Au-dessus, au premier étage, se trouve la salle des fêtes, où l'on peut accéder par la véranda sur la place.» dit Lucius en montrant les escaliers qui montaient des deux côtés de la porte d'entrée.

«Et ici on descend à la cave!» Ils descendirent un escalier étroit. La cave était basse, sombre et humide. Lucius ouvrit une trappe. Un rayon de lumière entra et illumina une ouverture pleine de suie, ressemblant à une porte de four. «C'est notre chauffage» expliqua Lucius en riant quand il vit le visage étonné d'Urar. «La chaleur du feu va d'ici dans des cheminées jusque dans les différentes chambres. Les briques creuses des sols sont branchées sur les cheminées. Comme cela la chaleur de ce grand four peut chauffer toutes les chambres de la maison.» Urar savait que cela existait aussi dans le domaine où il vivait jusque là. Mais il ne l'avait jamais vu avant.

Tous les deux remontèrent de nouveau dans le hall et Urar accompagna Lucius dans sa chambre sous la colonnade. C'est là que la mère de Lucius trouva les deux garçons, plongés dans un jeu de damier avec des cailloux colorés. Lucius lui présenta son nouvel ami et Urar pu rester pour la nuit dans la maison du marchand romain.

La maitresse de maison prit plaisir avec l'habile garçon celte. Elle donna ordre au gérant de la maison de racheter Urar à son ancien maître. Par la suite, Urar fut le fidèle compagnon et camarade de jeux de Lucius. Les deux garçons furent éduqués et instruits ensemble. Urar resta encore l'esclave. Mais le camarade de jeux de sa jeunesse lui donnera certainement sa liberté plus tard. Et peut-être va-t-il un jour compter parmi les nobles de son peuple Celte. «

Burg Vianden
Château Fort Vianden

Prümerburg
Prümerburg

Dasburg
Dasburg

Kleiner Streifzug durch das Leben
Petite balade à travers la vie

Land und Leute im Deutsch-Luxemburgischen Grenzraum
Pays et gens dans la région frontalière germano-luxembourgeoise

Es mag ja sein, dass, wie man in Köln sagt, jeder Jeck anders ist. Zumindest hier in der deutsch-luxemburgischen Grenzregion überwiegen aber eindeutig die Gemeinsamkeiten – und der gemeinschaftlich erarbeitete Naturpark belegt dies beispielhaft.

Das beginnt schon in der Optik. Streuobstwiesen und Gebirgsschluchten, Keltengräber und mittelalterliche Burgen scheren sich nämlich nicht um politische Grenzen, und so sieht der Besucher rechts wie links von Our und Sauer ein sehr ähnliches Landschaftsbild. Dabei sind die einzelnen Regionen des Parks in Flora, Fauna und kultureller Struktur durchaus auch von Unterschieden geprägt. Sie bieten sogar bemerkenswerte Vielfalt auf (relativ) kleinem Raum.

Naturpark Südeifel

Der 1958 entstandene Naturpark Südeifel, zweitältester seiner Art in ganz Deutschland, erstreckt sich an den Ufern von Sauer und Our. Er ist gewissermaßen die Keimzelle des deutsch-luxemburgischen Parkprojektes. Er besticht durch

Comme on dit à Cologne «Jeder Jeck is anders», les gens sont bien différents et personne n'est parfait. Mais au moins ici, dans la région frontalière germano-luxembourgeoise, ce sont clairement les points communs, qui prévalent – et l'élaboration commune du parc naturel en est un bon exemple.

Cela commence avec ce que l'on peut voir. Prés parsemés de vergers mixtes et gorges, tombes celtiques et châteaux forts moyenâgeux ne se soucient pas des frontières politiques, et le visiteur voit donc sur les deux rives de Sauer et Our des paysages très semblables. Ce qui n'empêche pas que les différentes zones du parc soient caractérisées par une faune et flore ainsi qu'une structure culturelle bien à elles. Elles offrent une variété remarquable. Dans un espace (relativement) petit.

Parc Naturel Südeifel – Eifel du Sud

Crée en 1958, le Parc Naturel Südeifel est le deuxième plus vieux dans son genre et s'étend le long des rives de Sauer et Our. Il est l'embryon du

eine Vielzahl von Sehenswürdigkeiten und einen unverwechselbaren Charakter – sei es bei den Sandsteinfelsen des Ferschweiler Plateaus, beim Hopfenanbau nahe der Prüm, in den Flusstälern des Islek oder in den Orchideenfeldern des südlichen Sauertals. Die Teufelsschlucht nahe Irrel erinnert mit ihren steilen Felswänden an die letzte Eiszeit und spricht Bände über die geologische Struktur der Eifler Landschaft. Flusstäler und Bachläufe künden von wilder Romantik; so zählen

projet de parc germano-luxembourgeois. Il séduit par sa multitude de sites et son caractère unique – que cela soit auprès des rochers en grès du plateau de Ferschweiler, chez les houblonniers proches de Prüm, dans la vallée de la rivière Islek ou dans les champs d'orchidées de la partie sud de la vallée du Sauertal, qui en dit long sur la structure géologique du paysage de la région Eifel. Rivières et ruisseaux dans leur vallées témoignent d'un romantisme sauvage. Les rapides et torrents entre Prümzurlay et Ir-

etwa die Stromschnellen und Wildwasserstrecken zwischen Prümzurlay und Irrel zu den beeindruckendsten der ganzen Bundesrepublik. Zwischen Pfeffingen und Holsthum lässt sich die Huwelsley bestaunen, eine der faszinierenden Kalksinterhöhlen der Region; nahe Dillingerbrück erweist sich die Tränenlay mit ihrem Torbogen als nicht minder erstaunliches geologisches Wunder.

Verwunschen wirkende Dörfer und malerische Städtchen, dichte Wälder und landwirtschaft-

rel comptent parmi les plus impressionnants de toute la République Allemande. Entre Pfeffingen et Holsthum on peut admirer la Huwelsley, une des grottes fascinantes de la région; proche de Dillingerbrück, on peut découvrir la Tränenlay avec ses arcs comme un miracle géologique tout aussi étonnant.

Villages enchantés et petites villes pittoresques, forêts denses et champs cultivés – la variété naturelle de cette région est la garantie d'une biodiversité unique. Sa flore et faune fascinent pas

lich genutzte Äcker – die natürliche Vielfalt dieser Region garantiert einen einzigartigen Artenreichtum; ihre Flora und Fauna faszinieren nicht minder wie ihre Relikte menschlicher Geschichte. Zahlreiche Rad- und Wanderwege ermöglichen es, diesen Facettenreichtum aus nächster Nähe zu erleben.

Etwa 30.000 Einwohner leben und arbeiten auf den 432 Quadratkilometern, die der Naturpark Südeifel umfasst.

Naturpark Our

Am nordöstlichsten Rand Luxemburgs, in den Ardennen, schlossen sich mehrere Gemeinden zum Naturpark Our zusammen, der ebenfalls ein Teil des deutsch-luxemburgischen Gesamtprojekts darstellt. Auf einer Fläche von etwa dreihundert Quadratkilometern, besiedelt mit rund 16.000 Einwohnern, bemüht sich auch diese grenznahe Region, ihr kulturelles Erbe und den Reichtum der heimischen Natur in Gegenwart und Zukunft zu bewahren. Besonders eindrucksvoll ist dabei etwa ihr Burgenreichtum. Oberhalb der Our sieht man in Vianden beispielsweise ein mittelalterliches Exemplar, das zu den besterhaltensten in ganz Europa zählt. Das Schloss Clervaux auf seiner »Lay« genannten Felszunge datiert in Teilen bis ins 12. Jahrhundert zurück – mindestens. Ein Vielfaches älter ist die Geschichte der Region Ösling, die sich uns heute als ertragreiches landwirtschaftliches Gelände zeigt. Weitläufige Hochebenen wie diese, beeindruckende Lohhecken und tief ins Schiefergestein eingegrabene Flussläufe kennzeichnen die Natur des Parks und gelten als Feuchtbiotope, die gefährdeten Pflanzen und seltener werdenden Tieren ein sicherer Lebensraum sind.

Kulturell begeistert der Naturpark Our in jüngerer Zeit unter anderem durch das Ausstellungs- und Fotoprojekt »Cité de l'image« in Clervaux, welches künstlerisches Schaffen in ländlichem Raum fördert und vermittelt. Auch das Bücherfest Vianden, das seit 2002 stattfindet und dem Ort zur Identität einer »Cité littéraire« verhalf, erweist sich mit seinen Lesungen und Aktionen zum Buchhandwerk überregional als Publikumsmagnet.

moins que les pans d'histoire humaine. De nombreuses pistes de vélo et randonnée permettent de voir ces riches facettes de près.

Autour de 30.000 habitants vivent et travaillent sur les 432 kilomètres carrés qu'englobe le Parc Naturel Südeifel.

Parc Naturel Our

Plusieurs communes se sont réunies dans l'extrême nord-est du Luxembourg pour créer le Parc naturel Our, qui représente également une partie du projet commun germano-luxembourgeois. Sur une surface d'environ trois cents kilomètres carrés, habité par environ 16.000 habitants, cette région frontalière essaye aussi de préserver son héritage culturel et la richesse de sa nature, au présent comme pour l'avenir. La richesse en châteaux forts est ici impressionnante. Au-dessus de l'Our, à Vianden, on voit un exemple moyenâgeux, qui compte parmi les mieux préservés d'Europe. Le château Clervaux sur sa «Lay», une langue rocheuse, date en partie et au plus tard du 12ième siècle. L'histoire de la région d'Ösling est encore bien plus ancienne. Aujourd'hui, c'est un terroir agricole fertile. Des plateaux vastes comme ici, louhhecken impressionnantes et des passages de ruisseaux profondément taillés dans le schiste sont typiques de la nature du parc et forment des zones humides, qui sont un biotope préservé pour des plantes menacées et des animaux rares.

Landmuseen wie das in Binsfeld erinnern an die bäuerlichen Ursprünge der Region, während wenige Kilometer entfernt in Vianden ein imposanter Stausee zur Stromgewinnung genutzt wird. Vergangenheit und Zukunft, Hand in Hand – auch ein digitaler Naturparkführer, der GPS-gestützt arbeitet und mittels Content Management System stets aktualisiert wird, mag futuristisch klingen, ist in der Region jedoch bereits Wirklichkeit geworden.

Region Müllerthal / Kleine luxemburgische Schweiz

Bizarr anmutende Felsformationen, malerisch betitelte Höhlen, dichte Buchenwälder, ehrwürdige Abteien, Wolfsschlucht und Zickzackschluff, die zerklüfteten Gegenden um Waldbillig – all das und mehr ist die sogenannte kleine luxemburgische Schweiz, die Region Müllerthal. Echternach, Berdorf, Belfort und andere Ortschaften zählen zu dieser grenznahen und bunten Gegend. Sie besticht durch eine nahezu unberührte Natur, durch Sandsteinfelsen, markante Schlossruinen – etwa in Larochette – und durch die lebendige Geschichte Echternachs, der ältesten Stadt des gesamten Großherzogtums, um nur einige Beispiele zu nennen.

Die Heringer Burg nahe Müllerthal verströmt bis in die Gegenwart eine unwiderstehliche Raubritterromantik. Mittelalterliche Atmosphäre erzeugen auch Echternachs verwinkelte Gassen und Patrizierhäuser, wohingegen die weit über hundert Kilometer Wanderwege – wie der zu Europas renommiertesten zählende Mullerthal Trail – in der Region zu märchenhaft anmutenden Naturschauplätzen führen, etwa zum gruselig betitelten »Deiwelselter« (Teufelsaltar) von Diekirch, einer etwa viertausend Jahre alten Grabruine.

In der Region Müllerthal mit ihren 366 Quadratkilometern leben und arbeiten über 32.000 Menschen.

So vielseitig sich die einzelnen Segmente des Deutsch-Luxemburgischen Naturparks präsentieren, so facettenreich ist auch seine Bevölkerung. Ursprünglich stark von der Landwirtschaft

Le Parc Naturel Our s'anime ces derniers temps aussi culturellement grâce au projet de l'exposition photo «Cité de l'image» à Clervaux, qui encourage et aide la création artistique en zone rurale. Il y a également la fête du livre à Vianden, qui a lieu depuis 2002 et a donné au bourg l'identité d'une «Cité littéraire», où les lectures et actions autour de l'artisanat du livre attirent un public au-delà de la région.

Des musées ruraux comme celui de Binsfeld rappellent l'origine paysan de la région, pendant que à quelques kilomètres de là, à Vianden, un barrage impressionnant est utilisé pour la production d'électricité. Passé et avenir – la main dans la main – et même un guide digitalisé du parc naturel, consultable par GPS et actualisé en temps réel par un système de gestion de contenu peut sembler futuriste, mais est déjà une réalité dans la région.

Région Mullerthal / La petite Suisse Luxembourgeoise

Formations de roches bizarres, grottes aux noms pittoresques, hêtraies denses, abbayes vénérables, Wolfsschlucht et Zickzackschluff, la région déchiquetée autour de Waldbillig – tout cela et encore plus, c'est ce qu'on appelle la petite Suisse luxembourgeoise. La région Mullerthal. Echternach, Berdorf, Belfort et d'autres communes font partie de cette région frontalière et colorée. Elle séduit par une nature pratiquement intouchée, par des roches de grès, d'impressionnantes ruines de châteaux – comme à Larochette – et par l'histoire vivante d'Echternach, la plus ancienne ville de tout le Grand-duché, pour ne nommer que quelques exemples.

La Heringer Burg proche du Mullerthal respire, maintenant encore, un romantisme de chevalier brigand irrésistible. S'ajoutent à l'atmosphère les ruelles tortueuses et maisons de maître d'Echternach. Les chemins de randonnée de plus de cents kilomètres – comme le Mullerthal Trail, un des plus réputés d'Europe – mènent à des sites naturels féeriques aux noms effrayants, comme le «Deiwelselter» (autel du diable) de Diekirch, une tombe en ruine vieille d'environ 4000 ans.

und der Natur geprägt, öffnen sich Land und Leute auf beiden Seiten der Sauer und der Our schon seit Generationen mehr und mehr der weiten Welt, ohne dabei die eigenen Wurzeln zu vergessen. Sie wissen: Das Schöne und natürlich Unberührte der Landschaft zählt zu den größten Vorzügen ihrer Region. Der Park und seine Philosophie unterstützen sie aktiv dabei, nicht zuletzt durch gewerbliche, industrielle und touristische Kooperationen, die der Grenzgegend überregionale Aufmerksamkeit und wirtschaftliches Wachstum bescheren. Von

Dans la région Mullerthal et ses 366 kilomètre-carrés vivent et travaillent plus de 32.000 habitants.

La population du Parc Naturel Germano-Luxembourgeois est aussi riche en facettes que les différents paysages du parc. Â l'origine surtout marqué par l'agriculture et la nature, les gens des deux côtés de Sauer et Our s'ouvrent depuis des générations et de plus en plus vers le vaste monde, sans pour autant oublier leurs racines. Ils savent que la beauté de l'authenticité naturelle et préser-

dieser gegenseitigen Unterstützung profitieren alle Beteiligten, Park und Bürger, gleichermaßen. Die Bemühungen, so weiß es der Staatsvertrag von 1964, »sollen dem Bedürfnis der Bevölkerung nach Verbesserung der allgemeinen Lebensbedingungen angemessen Rechnung tragen.«

Wie erfolgreich der Park in seinen Anstrengungen ist, illustriert auch die Tatsache, dass das ihm 1973 erstmals auf fünf Jahre verliehene Europadiplom, das seine Qualitäten als Ferien- und Naherholungsgebiet würdigt und vor ihm noch keinem anderen Naturpark verliehen wurde,

vée du paysage fait partie des plus grands atouts de leur région. Le parc et sa philosophie les soutiennent activement dans cette tache, par une coopération économique, industrielle et touristique, qui apporte une attention au-delà de la région et une croissance économique à cette région frontalière. Ce soutien mutuel profite à tous, au parc comme aux citoyens, de manière égale. Comme déjà dit dans le traité international de 1964, «Les efforts doivent prendre en compte le besoin de la population de voir ses conditions générales de vie convenablement améliorées.»

Schiessentümpel im Müllerthal
Schiessentümpel dans le Mullerthal

seitdem durchgehend verlängert wurde. »Gebiete von besonderer landschaftlicher Schönheit sollen erhalten bleiben«, versprach der Staatsvertrag offensichtlich zu recht. »Die Gesamtfläche der Waldungen soll nicht verringert werden.« Natur als Gütesiegel.

Brücken zur Einheit

In einer 2009 verabschiedeten Satzung beschreibt die Vereinigung »Deutsch-Luxemburgischer Naturpark« das ihrer administrativen Fürsorge unterstellte Gebiet als einheitliche Landschaft entlang der Sauer und Our. Es sei reich an Natur- und Kulturdenkmälern, insbesondere aber eine Gegend »reizvoller und gleichartiger Naturschönheiten«.

Die Vereinigung mit Sitz in Irrel dient dazu, besagte Gegend möglichst einheitlich und nachhaltig zu pflegen und zu fördern. Oberstes Ziel sei es, so die Satzung weiter, »ein weiträumiges, naturnahes und lärmfreies Erholungsgebiet« zu schaffen und zu bewahren. Flora und Fauna, Luft-, Boden- und Wasserqualität, wirtschaftliche und sozio-kulturelle Entwicklung, grenzüberschreitende Arbeitsprojekte, Fremdenverkehr, Naturschutz ... Die Liste ihrer einzelnen Aufgaben ist lang. Einer ihrer Schwerpunkte liegt aber eindeutig auf den Wanderstrecken der Grenzregion, zu denen auch die sieben Wanderbrücken gehören. Ihnen kommt eine hohe Bedeutung zu – grenzüberschreitend wie touristisch. Sie verbinden überregional bedeutende Sehenswürdigkeiten, erschließen das Gebiet für Wanderer und gliedern sich beliebten Weit- und Fernwanderstrecken wie dem Jakobsweg und dem Ardennen-Eifel-Rundweg an, um nur einige zu nennen. Dank dieser Brücken erleben die Wanderer (und nicht selten auch Radfahrer; beispielsweise ist der etwa hundertzwanzig Kilometer lange Sauertalradweg zwischen Ettelbrück und Wasserbilligerbrück dank der Brücken grenzübergreifend und an das luxemburgische Radwegenetz angebunden) die kontrastreiche und doch einheitlich anmutende Landschaft dies- und jenseits der Grenze auf gleichem Niveau und wie selbstverständlich. «

La réussite des efforts du parc est aussi illustrée par le fait que le diplôme européen, qu'il a reçu pour la première fois en 1973 pour 5 ans - un diplôme, qui honore ses qualités comme zone récréative de proximité et de loisir, qu'il était le premier à se voir décerner – était depuis renouvelé sans interruption. «Des sites de beauté paysagère exceptionnelle doivent être préservés», promettait le traité international avec raison. «La surface globale des bois ne doit pas être réduite». La nature comme label de qualité.

Des ponts vers l'union

Dans ses statuts votés en 2009, l'association «Deutsch-Luxemburgischer Naturpark» définit la zone mise sous sa tutelle administrative comme paysage homogène le long de Sauer et Our. Il est riche en patrimoines naturel et culturel, mais particulièrement une terre «de beautés naturelles séduisantes et homogènes».

L'association, dont le siège est à Irrel a pour but d'entretenir et promouvoir cette zone de façon la plus homogène et durable possible. Le but suprême consiste, selon les statuts, dans la création et sauvegarde «d'une zone de loisir vaste, proche de la nature et exempt de bruit». Flore et faune, qualité de l'air, du sol et de l'eau, développement économique et socioculturel, projets de collaboration, tourisme, protection de la nature ... La liste des différentes taches est longue. Un des accents se trouve de toute évidence mis sur les chemins de randonnée de la région frontalière, incluant les sept ponts de randonnée. Ils ont une grande importance – transfrontalière comme touristique. Ils lient des sites d'importance supra-régionale, ouvrent la zone pour les randonneurs et rejoignent des sentiers de grande randonnée comme le Chemin de Saint-Jacques et le circuit Ardennes-Eifel, pour n'en nommer que quelques-uns. Grâce à ces ponts, les randonneurs connaîtront le paysage contrasté et en même temps homogène des deux côtés de la frontière facilement et sans effort. Et souvent, des randonneurs en vélo font pareil ; la piste cyclable sur 120 kilomètres, le Sauertalradweg, entre Ettelbrück et Wasserbilligerbrück, est, grâce à ces ponts transfrontaliers, reliée aux pistes cyclables du Luxembourg. «

Die Wanderbrücken im Überblick:

Georges-Wagner-Brücke bei Ouren
Dörnauelsmühle bei Preischeid
Bivelser Steg bei Bivels
Gentinger Brücke bei Gentingen
Alfred-Töpfer-Brücke bei Weilerbach
Fölkenbach-Brücke bei Echternach
Konrad-Schubach-Brücke bei Minden

Tableau des ponts de randonnée:

Georges-Wagner-Brücke à Ouren
Dörnauelsmühle à Preischeid
Bivelser Steg à Bivels
Gentinger Brücke à Gentingen
Alfred-Töpfer-Brücke à Weilerbach
Fölkenbach-Brücke à Echternach
Konrad-Schubach-Brücke à Minden

Tintesmühle
Tintesmillen

Georges-Wagner-Brücke bei Ouren
Georges-Wagner-Brücke à Ouren

Georges-Wagner-Brücke bei Ouren
Georges-Wagner-Brücke à Ouren

Dörnauelsmühle bei Preischeid
Dörnauelsmühle à Preischeid

Bivelser Steg bei Bivels
Bivelser Steg à Bivels

Der Park lebt von seinen Menschen
Le parc vit au travers de ses hommes

Schlaglichter auf einen Riesen

Mise en scène d'un géant

Der Deutsch-Luxemburgische Naturpark erzählt nicht erst dank seinem über fünfzigjährigen Bestehen unzählige Geschichten. Auch die Menschen, die in ihm leben, ihn prägen und von ihm geprägt werden, wissen einiges über ihn zu berichten. Und so vielseitig die grenznahe Region auch ist, so unvermeidbar und verständlich ist es, dass sich manche Lebensläufe und Lebensschwerpunkte in ihr ähneln beziehungsweise stellvertretend für viele stehen.

Wie lebt es sich in einem Gebiet, in dem der nächste Nachbar jenseits der Grenze wohnt? Wie wirkt sich die Philosophie und der Friedensgedanke hinter der Parkgründung heute auf die Menschen an Sauer und Our, in Echternach und Irrel aus? Greifen die Maßnahmen zur kulturellen und wirtschaftlichen Zusammenarbeit wirklich? Und was bedeuten die historischen Schätze – all die Kelten- und Römerrelikte, die Schlösser und Burgen, die »Eiszeitfelsen« und anderen geologischen Zeitmaschinen – für den Alltag der Grenzbewohner und ihrer Besucher aus nah und fern, in Geschichte und Gegenwart?

Dieses Buch kann dem knapp achthundert Quadratkilometer messenden Park und seinen vielen Facetten nur dann (annähernd) gerecht werden,

Le Parc Naturel Germano-Luxembourgeois raconte depuis sa création il y a 50 ans d'innombrables histoires. Mais ce sont aussi les hommes qui y vivent qui le façonnent et qui sont, à leur tour, façonné par lui et savent le raconter. Dans cette région frontalière si variée, il arrive aussi que certaines vies et le thème central de ces histoires se ressemblent et qu'ils puissent ainsi être des exemples pour plein d'autres.

Comment est-ce que l'on vit dans une région où le voisin le plus proche habite de l'autre côté d'une frontière ? De quelle manière la philosophie et l'idéal de paix découlant de la création du parc, influencent aujourd'hui les hommes à Sauer et Our, à Echternach et Irrel? Est-ce que les mesures pour les collaborations culturelles et économiques font vraiment effet? Et quelle importance ont tous ces trésors historiques – tous ces reliquats de Celtes et Romains, les châteaux et châteaux fort, les roches glaciaires et autres machines à voyager dans le temps – pour le quotidien des frontaliers et de leurs visiteurs lointains et de près, dans l'histoire et dans le présent ? Ce livre ne peut faire honneur aux huit cents kilomètres carrés du parc et à ses multiples facettes, qu'en se consacrant aussi

wenn es sich auch den Menschen in ihm widmet. Die folgenden Kapitel sind daher bewusst selektiv gehalten. Sie illustrieren beispielhaft das Wirken einzelner Personen, Berufe und Gruppen in, mit und für den Park, für dessen Geschichte und dessen Zukunft. Bei einer in die Achtzigtausende gehenden Gesamtbevölkerung werfen die folgenden Seiten natürlich nur winzige Schlaglichter auf das übergroße Ganze. Sie erhellen unserer Ansicht nach aber ebenso markante wie allgemeine Schwerpunkte der gesamten Region.

Anders gesagt, machen sie uns das Konstrukt namens Deutsch-Luxemburgischer Naturpark erfahrbarer, menschlicher … persönlich. «

aux hommes qui y vivent. Les chapitres suivants sont donc volontairement sélectifs. Ils illustrent d'une manière exemplaire des personnes, métiers et groupes qui œuvrent dans, avec et pour le parc, pour son histoire et son avenir. Avec une population de presque quatre-vingt mille habitants, les pages suivantes ne peuvent jeter qu'une lumière fugitive sur un tout bien plus grand. Malgré cela, elles éclairent à notre avis des points forts marquants de la région entière.

On peut aussi dire qu'elles nous rendent la construction nommée Parc Naturel Germano-Luxembourgeois plus compréhensible, plus humaine … plus personnelle. «

Die Mühlen der Geschichte
Les moulins de l'histoire

Peter Wagner aus Irrel baut seit über fünfzig Jahren Brücken in die Fremde
Peter Wagner d'Irrel construit depuis plus que cinquante ans des ponts vers l'étranger

Peter Wagner, pensionierter Hotelier und rühriger Archivar aus Irrel, weiß noch, wie der Führer kam, damals, Ende der 1930er. Im offenen Wagen sei er durch Wagners Heimatort gefahren, um sich ein Bild vom Bau des nahen Westwalls zu machen. An den Straßen des beschaulichen Eifeldorfs hätten überall Schaulustige gestanden. Eine von ihnen, eine junge Frau, sei blindlings auf Hitler zugerannt und fast in seinen Wagen gesprungen – sehr zum Entsetzen von Hitlers Begleitern. Doch das befürchtete Attentat sei leider gar keines gewesen.

Wenn man sich mit dem inzwischen über achtzigjährigen Wagner unterhält, merkt man eines schnell: Hinter seiner Stirn ist die gesamte Historie des Deutsch-Luxemburgischen Naturparks höchstlebendig, von den dunklen Kapiteln der Vorgeschichte bis hin zu den Zukunftsvisionen.

Nachbarn und Freunde

Grenzen? Welche Grenzen? Für den emsigen Heimatkundler Wagner, der über vier Jahrzehnte lang vom Tourismus lebte, scheint der nahe Übergang nach Luxemburg wenig mehr als

Peter Wagner, hôtelier à la retraite et archiviste dynamique d'Irrel, se souvient encore du passage du Führer à l'époque, fin des années 30. Il traversait son village natal en voiture décapotable pour aller voir l'avancement de la construction du Westwall (Ligne de Siegfried) pas loin. Il y avait des badauds tout le long des rues du petit village de l'Eifel. Une femme se serait jetée vers la voiture d'Hitler sans faire attention et aurait presque sauté dans sa voiture – au grand effroi de ses accompagnateurs. Mais malheureusement, il ne s'agissait pas du tout d'un attentat.

Si l'on parle avec Wagner, qui compte 83 printemps, on s'aperçoit vite que toute l'histoire du Parc est encore bien vivante dans sa tête – des chapitres noirs de l'avant jusqu'aux visions du futur.

Voisins et amis

Frontières? Quelles frontières? Pour Wagner, le chroniqueur régional engagé, qui a vécu plus de quatre décennies du tourisme, la frontière proche du Luxembourg n'est guère plus qu'un problème de cartographes. Né en 1931, il se souvient: «Déjà avant la guerre, nous n'allions pas ‹à Luxembourg› mais

ein Problem für Landkartenzeichner zu sein. »Wir fuhren schon vor dem Krieg nicht ›nach Luxemburg‹«, erinnert sich der 1931 Geborene, »sondern schlicht ›nach Echternach.‹« Sein Schulweg führte ihn beispielsweise Tag für Tag dorthin, per Fahrrad. Das Letzeburgisch beherrscht er noch heute so selbstverständlich wie den eigenen, den Eifler Dialekt. Abermals: Welche Grenze?

Über mehrere Dekaden hinweg leitete Wagner die Irreler Mühle, einen Gastronomie- und Hotelbetrieb am Ufer der Nims. Gäste aus nah und fern, aus In- und Ausland gaben und geben sich bei ihm die sprichwörtliche Klinke in die Hand, und die Zahl der Großen und Wichtigen aus Politik, Sport und Kultur, die sich in all der Zeit an seine Theke setzten, scheint Legion. Gastlichkeit schlägt Brücken.

»Die ursprüngliche Idee stammt von meiner Mutter«, sagt der Pensionär. Die Wagners, deren Vorfahren 1790 aus Luxemburg in die Westeifel zogen, betrieben in seiner Kindheit primär die Mühle, doch ab Mitte der 1930er boten sie auch Fremdenzimmer an. Dann kam der Krieg.

Was einst ein höchst freundschaftliches Nachbarschaftsverhältnis gewesen war, mutierte durch die geschichtlichen Umstände und den Irrsinn der Nationalsozialisten schnell zur von oben aufgezwungenen Spaltung. Wagner besitzt noch heute den Sonderausweis von der Kyllburger Kommandantur, der ihm, dem jungen Schüler, in den frühen Vierzigern gestattete, die dann also doch so entsetzlich wichtig gewordene Grenze weiterhin zu überqueren. Gewissermaßen war also auch dieser Ausweis eine Art Brücke; doch vor allem war er ein Unding.

Über achtzig Prozent von Wagners Heimat Irrel fielen dem Krieg und dessen Maschinen zum Opfer; vier ganz reale Brücken, heute quasi das Sinnbild für den Deutsch-Luxemburgischen Naturpark, wurden gesprengt. Wo einst Häuser gewesen waren, blieben Ruinen übrig, wo sich einst Freunde gegenüberstanden, standen plötzlich Grabsteine.

Nach 1945 mussten also neue Strukturen her, neue Brücken, im Ort und überhaupt. Nur so konnte es weitergehen. »Wir waren hier ja zudem immer Randgebiet«, betont Wagner, »und hatten

tout simplement ‹à Echternach››. Son chemin d'écolier l'y menait tout les jours en vélo. Il maîtrise le Letzeburgisch (luxembourgeois) encore aujourd'hui aussi facilement que son propre patois de la Eifel. Encore une fois: Mais quelle frontière?

Pendant plusieurs décennies Wagner gérait la Irreler Mühle, un hôtel-restaurant au bord de la Nims. Des clients de près et de loin, du pays et de l'étranger défilaient chez lui et le nombre de grands hommes politiques, sportifs et culturels qui prenaient place au comptoir dans ce temps, semble légion. L'hospitalité jette des ponts. .

«À l'origine, c'est ma mère, qui avait l'idée» dit-il. Les Wagner, qui étaient venus du Luxembourg dans la Ouest-Eifel en 1790, s'occupaient dans son enfance surtout du moulin, mais à partir des années 1930 ils commencèrent à offrir des chambres d'hôte – jusqu'à l'arrivé de la guerre.

Des relations entre voisins jusque là amicales mutèrent après les conditions historiques et la folie du National-socialisme en une séparation forcée. Wagner possède toujours son permis spécial de la kommandantur de Kyllburg, qui l'autorisait pendant son temps d'écolier du début des années quarante, à traverser cette frontière, devenue d'un seul coup si terriblement importante. D'une certaine manière, ce permis représentait pour lui aussi un pont, mais il était avant tout une absurdité.

Plus que quatre-vingts pour cent du pays de Wagner à Irrel devenaient victime de la guerre et de ces machines, quatre ponts bien réels, aujourd'hui de nouveau symboles du Parc, sautaient. La où l'on voyait jadis des maisons, ne restaient plus que des ruines, là où s'étaient rencontrés des amis l'on trouvait d'un seul coup des tombes.

Il fallait donc construire de nouvelles structures après 1945, de nouveaux ponts dans le bourg et en général. C'était la seule chance pour avancer. Wagner souligne: «Vu que nous étions

keine nennenswerte Industrie. Wir brauchten die Nachbarn, genau wie sie uns.«

Doch die Mühlen der Geschichte mahlten langsamer als die an der Nims. Erst nach und nach konnte die Grenzregion wieder an den nachbarschaftlichen Umgang von früher anschließen. Dass dem überhaupt so war, dazu trug Zeitzeuge Wagner auf seine eigene Art bei: Das Mühlensterben der 1950er Jahre hinterließ auch in Irrel tragische Spuren. Peter Wagner sah den elterlichen Betrieb zugrunde gehen, just als der Frieden doch wieder zurückgekehrt war. Die Fremdenzimmer, Mutters kleines zweites Standbein, wurden für den Verdienst des familiären Lebensunterhalts immer wichtiger.

toujours une région excentrée sans industrie considérable, nous avions autant besoin des voisin qu'eux de nous.»

Mais les moulins de l'histoire travaillaient plus lentement que ceux au bord de l'Ims. Il fallait du temps pour que la région frontalière renoue les relations de voisinage d'antan. Pour le rendre possible, Wagner, notre témoin de l'époque, mettait du sien: la mort des moulins dans les années 1950 laissait aussi à Irrel des traces tragiques. Peter Wagner voyait dépérir l'entreprise familiale quand la paix fût revenue. Les chambres d'hôte, petit revenu extra de sa mère, devenait de plus en plus important pour la subsistance de la famille.

NIMSLO

Ab 1961 präsentierte sich das Anwesen am Irreler Ortsrand daher ausschließlich als Restaurant und Hotel. Die ersten Gäste kamen aus dem Köln-Aachener Ballungsraum und dem Ruhrgebiet. Besucher aus Belgien und den Niederlanden folgten. Gut zehn Jahre nach Öffnung seines Hotels bewirtete Wagner sogar schon die großherzogliche Familie Luxemburgs, die zum Angeln an die Nims gekommen war. Auch der Luxemburger Bischof Léon Lommel kehrte bei ihm ein. Feinde? Welche Feinde?

Mit der Welt per du

Peter Wagner sah: Die metaphorischen Brücken waren wieder da, das Verständnis füreinander zurückgekehrt. Der Naturpark, der diesen Brückenschlag seit nunmehr fünfzig Jahren repräsentiert, ist da gewissermaßen ein Geistesbruder des Irrelers – und vieler, vieler weiterer Bewohner der Grenzregionen, für die der Nachbarländer in erster Linie ein Nachbar ist. Ein Stück Alltag.

»Das Schönste an meinem Beruf ist wohl, dass man Menschenkenntnis lernt«, sagt Wagner heute. »Und dazu bedarf es natürlich der Fähigkeit zu Geduld und Nachgiebigkeit.« Die grenzenlose Gegenwart – in den Köpfen wie in der Politik – ist für das ehemalige Kriegskind und den pensionierten Gastwirt ein absoluter Fortschritt, den man gar nicht hoch genug einschätzen könne – sei es im Kleinen, etwa dem Deutsch-Luxemburgischen Naturpark, oder im gesamteuropäischen Großen. »Ich bin nicht nur luxemburgisch, sondern auch europäisch orientiert. Ich habe durch meinen Beruf viele Freunde in Frankreich, Belgien und anderswo finden dürfen, zu denen der Kontakt nie abbrach. Wir alle können glücklich sein, dass sich Europa so entwickelt hat, und es bereitet mir Freude, dies mitzuerleben.« Wer Krieg und Wiederaufbau erlebt habe, wisse diesen Aspekt der Gegenwart vielleicht sogar noch mehr zu schätzen.

»Die Welt ist voller Menschen«, sagt der Mensch Peter Wagner aus Irrel. Und die Grenze, so ist man versucht zu ergänzen, inzwischen auch nur eine Brücke von vielen. «

À partir de 1961 la propriété aux abords d'Irrel se présentait finalement uniquement comme hôtel et restaurant. Les premiers clients venaient des agglomérations de Cologne, Aix-la-Chapelle et de la Ruhr. Suivaient des visiteurs de la Belgique et des Pays Bas. Dix ans après l'ouverture de son hôtel, Wagner servait déjà la famille grand-ducale du Luxembourg, venue à la pêche au bord de la Nims. Et même l'évêque du Luxembourg, Léon Lommel, s'arrêtait chez lui. Des ennemis? Quels ennemis?

À tu et à toi avec le monde

Peter Wagner le voyait: les ponts métaphoriques étaient de retour, l'entente mutuelle également. Le Parc Naturel, qui représente cette passerelle depuis environ cinquante ans, et notre habitant d'Irrel, sont pour ainsi dire des frères dans l'esprit – comme beaucoup d'autres habitants de la région frontalière, pour qui les pays limitrophes sont des pays avec des voisins. Une simple part de leur quotidien.

«La plus belle partie de mon métier est l'apprentissage de la nature humaine» dit Wagner aujourd'hui. «Et cela demande naturellement de la patience et le sens du compromis». Le présent sans frontière – dans les têtes comme en politique – est pour cet ancien enfant de la guerre et hôtelier retraité un progrès absolu, qu'on ne peut pas estimer assez – que cela soit à l'échelle régionale, comme le Parc Naturel Germano-Luxembourgeois ou à l'échelle de l'Europe entière. «Je m'oriente pas seulement vers le Luxembourg, mais vers l'Europe entière. Par mon métier, j'ai pu trouver beaucoup d'amis en France, en Belgique et ailleurs, que je n'ai jamais perdu de vue. Nous pouvons tous être heureux de l'évolution qu'a pris l'Europe et j'ai grandement plaisir, à pouvoir y assister.» Ceux qui ont vécu la guerre et la reconstruction savent peut-être encore plus estimer cet aspect du présent.

«Le monde est peuplé d'humains», dit l'homme Peter Wagner d'Irrel. Et l'on pourrait ajouter que la frontière n'est plus qu'un pont parmi d'autres. «

Gentinger Brücke bei Gentingen
Gentinger Brücke à Gentingen

M STEIN
NSERER
LEBT
UNS NICHT

Empört euch!
Indignez-vous!

Der Klöppelkrieg von 1798 und die Macht des Landvolks
La Guerre des gourdins (Klöppelkrieg) de 1798 et le pouvoir des paysans

Unzählige Geschichten und historische Anekdoten belegen es: Die grenznahe Landbevölkerung hatte schon immer ein Problem mit Obrigkeiten, deren Meinung sie nicht teilte. Eifler und Co. ließen und lassen sich kein x für ein u vormachen, durchschauen so manches Täuschungsmanöver mit ihrer Bauernschläue und ihrer bodenständigen Art. Einer der historisch bemerkenswertesten Belege dafür ist der Klöppelkrieg des ausgehenden achtzehnten Jahrhunderts – und Menschen wie Rüdiger Schausen aus Daleiden halten seine Erinnerung lebendig.

Von Knüppeln und Knechten

Anfang der 1790er Jahre besetzten die Franzosen die Region. Die Folge waren hohe Steuern und verpflichtender Wehrdienst für die ländliche, zumeist bäurische Bevölkerung. Kirchen wurden auf Geheiß der Besatzer, die einen anderen Glauben einführen wollten, geschlossen, junge Männer, die auf den Feldern und in den Ställen dringend gebraucht wurden, zu den Waffen

Des histoires et anecdotes innombrables le prouvent: la population rurale de la région frontalière avait depuis toujours un problème avec les pouvoirs publics, quand elle n'était pas du même avis. Les gens de l'Eifel et les autres n'avalaient pas n'importe quoi, reconnaissaient les tentatives de les tromper grâce à leur esprit terre à terre et leur ruse paysanne. Une des preuves les plus remarquables pour cela est la Guerre des gourdins – le «Klöppelkrieg» de la fin du dix-huitième siècle – et ce sont des hommes comme Rüdiger Schausen de Daleiden qui en gardent le souvenir vivant.

De gourdins et de valets

Au début des années 1790, les Français occupaient la région. Les conséquences en étaient des impôts importants et un service militaire obligatoire pour la population locale, pour la plupart des paysans. Les occupants, qui voulaient introduire une autre religion, fermaient des églises, ils appelaient les hommes jeunes aux armes, même quand ils étaient indispensables dans les champs

befohlen – dies- und jenseits der heutigen Landesgrenzc.

Rüdiger Schausen aus Daleiden war nicht dabei, erinnert sich aber gut, als wir ihn zum Gespräch für dieses Buch treffen. Schließlich ist er Vorsitzender des Daleidener Heimatvereins und wirkte tatkräftig mit, als seine Gemeinde 1998 zur Zweihundertjahrfeier des damaligen Bürgeraufstands lud.

et les étables – et cela des deux côtés des frontières d'aujourd'hui. Rüdiger Schausen de Daleiden n'y était pas, mais quand nous l'avons rencontré pour ce livre, il en avait gardé un vif souvenir. Il était quand même le président de l'association folklorique de Daleiden et a beaucoup contribué à la réussite de l'anniversaire du bicentenaire de la révolte des citoyens de l'époque quand sa commune l'a fêté, en 1998.

»Irgendwann wurde die Situation den Eifler Bauern, die ja doch sehr geduldig sind, zuviel«, erinnert sich Schausen an die Lage in den späten 1790ern. Die in Wehrführung unerfahrene Landbevölkerung wusste sich nicht anders zu helfen und rebellierte gegen die Besatzermacht. Sie griff dafür zu Waffen, die typischer wohl nicht hätten sein können: Heugabeln, Sensen, schlichte Knüppel – oder eben Klöppel, wie sie im regionalen Dialekt heißen.

«Est arrivé le jour où la situation devenait trop dure, même pour ces paysans de l'Eifel, normalement très patients» se souvient Schausen en retournant vers la fin des années 1790. Peu expérimentée en affaires militaires, la population rurale s'insurgeât contre les occupants. Et elle prit pour cela les armes qu'elle avait sous la main: fourches, faux, des simples gourdins – appelés «Klöppel» dans le patois local.

»Das waren die Isleker, aber auch Luxemburger und Menschen aus Belgien«, weiß der Heimatkundler, und die Geschichtsbücher und Denkmäler bestätigen es: An vielen Orten der Grenz- und Parkregion wird den Klöppelkriegern bis heute gedacht – sei es am Denkmal neben der Abtei im luxemburgischen Clerf, im belgischen Hasselt oder eben in Daleiden, um einige besonders markante Beispiele zu nennen.

Die Bauern organisierten sich also heimlich und zogen gegen die Franzosen. Im Oktober 1798 war es, dass sich der Protest vor den Toren des Eifeldorfs Arzfeld endlich entlud. Aus allerhand umliegenden Ortschaften waren sie gekommen, um gegen die französischen Besatzer zu kämpfen. Fünfhundert wütende Bauern standen der Obrigkeit gegenüber, die Klöppel in den Händen und den Segen des Daleidener Dorfgeistlichen im Gepäck. Doch die Konfrontation eskalierte schnell! Fünfunddreißig Bauern fielen gleich vor Ort, weiß es die Gedenktafel in Arzfeld noch heute zu berichten; viele weitere kehrten verwundet heim, zwanzig wurden in Luxemburg als Gefangene der Guillotine überantwortet.

Krieg und Völkerverständigung

Was damals die Menschen trennte, eint sie heute, und der Klöppelkrieg wurde – auch dank Rüdiger Schausen – in neuerer Zeit zu einem Musterbeispiel friedlicher, grenzüberschreitender Kooperation: 1998 führten Schausen und viele, viele Mitstreiter den Konflikt von einst als gewaltiges Spektakel auf, finanziell gefördert von der Europäischen Union. Ein festlicher Umzug mit anschließendem Szenenspiel zeitgenössisch kostümierter Akteure lockte die Besucher in Massen nach Daleiden, ein Szenenspiel inszenierte man darüber hinaus auch im luxemburgischen Weiswampach – mit über hundert Aktiven. »Von überall kamen Mitwirkende, als wir dazu aufriefen«, sagt Schausen, »auch aus Belgien und Luxemburg.« Er selbst sei damals in die Rolle eines Viehhändlers aus Vianden geschlüpft, der sich vor dem Commissaire (Regionsbürgermeister) der Gemeinde Leidenborn verantworten musste. «

«C'étaient des gens d'Islek, mais aussi des Luxembourgeois et quelques Belges», se souvient le spécialiste de l'histoire locale. Les livres d'histoire et les monuments le confirment: on commémore encore aujourd'hui dans beaucoup d'endroits de la région frontalière du parc les guerriers aux gourdins – que cela soit au monument à côté de l'Abbaye de Clerf au Luxembourg, à Hasselt en Belgique ou à Daleiden, pour ne nommer que quelques exemples marquants.

Les paysans s'organisaient en cachette et partaient contre les Français. Leur colère éclatait enfin en octobre 1798 devant les portes du village Arzfeld dans l'Eifel. Ils étaient venus de pas mal de villages alentours, pour se battre contre l'occupant Français. Cinq cents paysans en colère face aux autorités, les gourdins dans les mains et la bénédiction du prêtre de Daleiden dans leurs bagages. La confrontation dégénérât vite! Trent cinq paysans tombaient déjà sur place, comme on peut aujourd'hui le lire sur la plaque commémorative à Arzfeld, beaucoup d'autres rentrèrent blessés, une vingtaine finissait au Luxembourg comme prisonniers passés par la guillotine.

Guerre et entente des peuples

Ce qui les séparait à l'époque les unit aujourd'hui et la guerre des gourdins est devenue – grâce aussi à Rüdiger Schausen – maintenant l'exemple type d'une coopération transfrontalière pacifique: Schausen et beaucoup d'alliés montaient en 1998 dans un spectacle historique géant, subventionné par l'Union Européenne, le conflit de l'époque. Un défilé festif, suivi d'une mise en scène avec des acteurs vêtus de costumes de l'époque, attiraient des spectateurs en masse à Daleiden. On montait également une mise en scène à Weiswampach au Luxembourg – avec plus de cent participants. «Les participants répondaient à notre appel de partout, y compris de la Belgique et du Luxembourg.» raconte Schausen. Lui même jouait le rôle d'un marchand de bestiaux de Vianden, qui avait à se justifier devant le commissaire de la commune de Leidenborn. «

Ehrenfriedhof in Daleiden
Cimetière militaire à Daleiden

Schloss Weilerbach und die *Alfred-Töpfer-Brücke*
Château Weilerbach et le *Alfred-Töpfer-Brücke*

Alfred-Töpfer-Brücke bei Weilerbach

Alfred-Töpfer-Brücke près de Weilerbach

Alfred-Töpfer-Brücke bei Weilerbach
Alfred-Töpfer-Brücke près de Weilerbach

SPEEDYDRËPP
28%
HOLUALIKÖR
20%
HUNNEGDRËPP
24%
QUETSCHENDRËPP
42%
FRAMBOISEDRËPP
42%
ÄPPELDRËPP
42%
KISCHTENDRËPP
42%
MIRABELLENDRËPP
42%
WILLIAMSDRËPP

Ein guter Schluck Lebensqualität
Une bonne gorgée de qualité de vie

Schnapsbrenner Georges Schiltz aus Rosport betont das Nachhaltige
Le distillateur Georges Schiltz de Rosport souligne la durabilité

Eigentlich studiert er ja. Eigentlich könnte ihn sein Lebensweg in Büros und Labors führen, zu geregelten Arbeitszeiten und festen, durchaus attraktiven Monatslöhnen. Doch Georges Schiltz aus Rosport kann die Finger einfach nicht von der Flasche lassen – und das ist ein Glück für die gesamte Region.

Aussterbende Spezies

»Um 1960 muss es hier noch siebzehn Schnapsbrenner gegeben haben«, erinnert sich der rührige Obstkenner aus dem Tal der Sauer. »Heute existiert neben mir nur noch einer.«

Das liegt aber nicht am Produkt, sondern am Wandel der Zeiten. Wo die Landwirtschaft immer industrieller werde, die Familienbetriebe ausstürben, bliebe für den »Nebenerwerb« Alkohol eben auch immer weniger Zeit und Muße übrig – zumal die Arbeit für den Schnaps nicht gerade aufwandsarm ist. Insbesondere, wenn man auf Qualität achtet.

Die Region rund um Rosport, in der schon Schiltz' Großvater Schnaps herstellte, ist für den Luxemburger geradezu ideal für den Obstanbau (und die spätere Weiterverarbeitung zu edlen Bränden, versteht sich). »Bei uns im Ort, in unserer Gegend, aber auch speziell in meiner Familie

En principe, il aurait du faire des études. Et en principe, sa vie aurait du se passer dans des bureaux et des laboratoires, avec des temps de travail et un salaire mensuel fixes et assez confortable. Mais Georges Schiltz de Rosport n'est pas arrivé à passer à côté de la bouteille et c'est une chance pour toute la région.

Espèce en voie de disparition

«Autour de 1960 il devait y avoir encore dix-sept distillateurs» Se souvient le remuant connaisseur de fruits de la vallée de la Sauer. «Aujourd'hui nous ne sommes plus que deux.»

Le problème n'est pas lié au produit mais au changement des temps. Là où l'agriculture devient de plus en plus industrielle, où les petites entreprises familiales se meurent, reste de moins en moins de temps pour une «activité accessoire» comme la distillation – comme il reste de moins en moins de temps et de loisirs – d'autant plus que la fabrication de l'eau-de-vie est laborieuse. Surtout, si l'on veut faire de la qualité.

La région autour de Rosport, où le grand père de Schiltz faisait déjà des alcools forts est, selon ce Luxembourgeois, idéale pour la culture des fruits (et leurs transformation en eaux-de-vie – nobles, cela va de soi). «La distillation a une très

hat das Schnapsbrennen eine sehr lange Tradition«, sagt er, der mit drei Jahren schon zwischen den Obstbäumen gestanden und die geernteten Früchte aufgelesen hat. »Nicht zuletzt wegen der vielen Streuobstbestände haben wir hier natürlich sehr gutes Obst, und das ist die Voraussetzung und Hauptbedingung für gute Brände.« Es brauche den passenden Boden, das passende Klima. Im gar nicht so fernen Ösling, sagt er, sei es schon fast zu kalt und zu karg für richtig guten Schnaps.

Neunzig Prozent der Qualität eines Brandes, so der Experte, hänge von der Qualität der verwendeten Materialien ab. Selbst ein perfekter Brenner könne unperfekte Früchte nicht ausgleichen. Und gutes Obst brauche eben seine Zeit. Die Früchte müssten reif sein und die Erntenden daher die Nerven und die Geduld mitbringen, sie auch wirklich ausreifen zu lassen.

Den Rest bewirke dann der Schnapsbrenner. Sein Fachwissen und sein Feingefühl wirken sich natürlich ebenfalls auf die Wertigkeit des fertigen Getränks aus. Jedes Obst sei eben anders, so Schiltz, und verdiene eine andere Behandlung.

Etwa die »Nelchesbirne«, die vielleicht typischste Frucht, die in Luxemburg und Eifel für die Weiterverarbeitung zu Hochprozentigem geerntet werde. »Sie ist relativ klein, kleiner als die Williams-Birne, und hat viele Bitterstoffe. Zum Verzehr ist sie eigentlich nicht empfehlenswert und auch schwierig zu ernten – für uns Brenner ist sie aber sehr, sehr reizvoll.«

Das alles habe vielleicht auch mit der nahen Abtei Echternach zu tun. Die Kirche trug sicher zur Aufforstung der Region mit Obstbäumen bei; auch Napoleon und der österreichische Adel sollen bereits hier gepflanzt haben. Auf Anordnung des damaligen Staatsministers seien Ende des neunzehnten Jahrhunderts sogar konzentriert Obstbäume in die Region gebracht worden, um die Landbevölkerung mit ausreichenden Vitaminen für die langen Wintermonate auszurüsten.

Kenner mit Idealismus

Georges Schiltz kennt viele solcher Geschichten – und vor allem kennt er seine Brände.

longue tradition chez nous au village, dans la région et particulièrement dans notre famille» dit-il. Il se baladait déjà à trois ans au milieu des arbres fruitiers pour ramasser les fruits tombés. «Et, grâce à de nombreux vergers, nous avons de très bons fruits, la matière de base pour de bonnes eaux-de-vie.» Il faut un terroir adapté, un climat propice. Déjà à Ösling, pourtant pas loin, dit-il, il fait déjà trop froid et les sols sont trop maigres pour une eau-de-vie vraiment bonne.

Comme dit l'expert: 90% de la qualité d'une eau-de-vie dépendent de la qualité de la matière première. Même un distillateur parfait ne sait pas compenser avec des fruits pas parfaits. Et un bon fruit a besoin de temps. Les fruits doivent être mûrs et les récoltants doivent avoir les nerfs solides et de la patience, pour les laisser arriver à maturité optimale.

Le reste est apporté par le distillateur, son savoir faire et son doigté influencent bien sûr aussi la qualité de la boisson finale. Chaque fruit est différent, selon Schiltz et mérite d'être traité de façon adéquate.

Prenons la «Nelchesbirne», peut-être le fruit le plus typique qu'on récolte au Luxembourg et dans l'Eifel pour la transformation en boisson fortement alcoolisée. «Elle est relativement petite, plus petite que la poire William et contient beaucoup d'amertume. Elle n'est pas à conseiller pour la consommation et difficile à récolter – mais pour un distillateur, elle est très intéressante.»

Il y a aussi une relation avec l'Abbaye de Echternach située pas loin. L'église contribuait à la replantation des arbres fruitiers dans la région, même Napoléon et l'aristocratie Autrichienne plantait, dit-on, déjà des arbres ici. Sur ordonnance du ministre d'état de l'époque, on introduisait systématiquement des arbres fruitiers, à la fin du dix-neuvième siècle, pour pallier une carence en vitamines de la population locale pendant les longs mois d'hiver.

Connaisseur idéaliste

Georges Schiltz connait beaucoup d'histoires comme cela – et il connait surtout ses crus.

»Unsere Arbeit hier ist vielleicht nicht das ganz große Business«, sagt er, »aber sie trägt zum Charme der Region bei.« Das höre er auch immer wieder von den Auswärtigen, die seine Brennerei besuchten. Es sei eben eine kreative und gleichzeitig traditionsbewusste Tätigkeit, neue Ideen verbänden sich mit überlieferten Rezepten zu qualitativ hochwertigen Ergebnissen.

»Für einen reinen Bürojob, der vielleicht wirtschaftlich sinnvoller wäre, konnte ich einfach nie die gleiche Leidenschaft entwickeln«, gesteht er und sieht zu seinen Obstbäumen hinüber. »Also habe ich mich bewusst gegen die Vernunft entschieden – und für mehr Lebensqualität.« «

«Notre travail n'est peut-être pas celui d'une grosse entreprise» dit-il, «mais il contribue aux charmes de la région.» C'est ce que lui disent aussi les gens venus d'ailleurs pour visiter sa distillerie. Il s'agit d'un métier en même temps créatif et traditionnel, des idées novatrices se combinent avec des recettes ancestrales pour des résultats d'excellence.

«Je n'aurais jamais développé le même enthousiasme pour un travail de bureau, qui aurait peut-être été économiquement plus raisonnable» confesse-t-il en regardant vers ses arbres fruitiers. «Mais j'ai choisi volontiers contre la raison – pour plus de qualité de vie.» «

Fölkenbach-Brücke bei Echternach
Fölkenbach-Brücke à Echternach

»In der armen Zeit«
«Au temps pauvre»

Werner Relles, Grenzgänger aus Dasburg
Werner Relles, frontalier de Dasburg

Das nur gut zweihundert Einwohner zählende Dasburg im Eifelkreis Bitburg-Prüm (VG Arzfeld) ist die westlichste Gemeinde in ganz Rheinland-Pfalz. Das sollte man wissen, wenn man sich mit Werner Relles über das unterhält, was er »die arme Zeit« nennt – jene Jahre, in denen er der Kriegsfolgen wegen regelmäßig über die Grenze schlich. Zum Schmuggeln.

Der inzwischen über achtzigjährige Sohn eines Müllers erinnert sich noch gut an die kargen Jahre, die dunklen Nächte und die kalten Winter. Daran, wie er im Eis des Grenzflusses einbrach. Wie die damalige Obrigkeit hellhörig wurde und seines Vaters Mühle durchsuchte. Wie er sich aus einer ausgedienten Haustür ein Floß baute, als 1947 die Our über ihre Ufer trat und das Tal mit seinen Schleichwegen flutete. Er spricht von Kisten und Autositzen mit doppelten Böden. Von überlisteten französischen Offizieren, die doch mehr als einmal eigentlich hätten merken müssen, was da so heimlich vor ihren Augen passierte. Katz und Maus. Einmal sei er sogar absichtlich über die Straße gegangen, statt die Schleichwege zu benutzen, aus reinem Wagemut, und habe sich in letzter Sekunde im Straßengraben vor den patroullierenden Zöllnern versteckt.

Dasburg avec ses seulement deux cents habitants dans la région de l'Eifel Bitburg-Prüm (VG Arzfeld), est la commune la plus à l'Ouest du Land Rhénanie-Palatinat. Ce qu'il faut avoir en tête quand on parle avec Werner Relles de ce qu'il appelle «le temps pauvre» – ces années, quand il se faufilait régulièrement au-delà de la frontière à cause des séquelles de la guerre, comme contrebandier.

Fils d'un meunier et maintenant âgé de 83 ans, Müller se souvient encore bien de ces années pauvres, des nuits sombres et des hivers froids. Du jour où il s'est enfoncé dans la glace de la rivière frontalière. Comme il attirait la méfiance des autorités qui perquisitionnaient le moulin de son père. Comme il se bricolait un radeau avec une porte inutilisée quand, en 1947, l'Our sortait de son lit et submergeait la vallée et ses pistes secrètes. Il raconte les boites et sièges de voiture à double fond. Les officiers Français trompés, qui auraient pourtant du plus qu'une fois ne pas être dupes de ce qui se passait devant leurs yeux. Chat et souri. Parfois, il marchait par pure audace sur la route au lieu de prendre les chemins de traverse et sautait au dernier moment dans le fossé pour se cacher des douaniers en patrouille.

Relles lacht, während er all diese Erinnerungen erzählt – ein wenig ungläubig ob der eigenen Courage, ein wenig stolz. Und seine Augen funkeln.

Allein in der Nacht

»Ich war dreizehn, als ich mit meinem Karabiner auf die Jagd ging«, berichtet er und beschreibt die Wälder an der Our ausführlich und das von den französischen Besatzern erlassene Jagdverbot, gegen das er und sein Vater wissentlich verstießen, nur auf Nachfrage. Auf einer seiner nächtlichen Touren stieß der junge Relles auf deutsche Soldaten, die aus der Kriegsgefangenschaft kamen. Er kannte den sicheren Weg durch das noch verminte Gelände und zeigte ihn den Männern. In dieser Nacht, so scheint es, wurde eine Idee geboren, denn nur kurze Zeit später schlich der Dreizehnjährige dann nach Luxemburg – nicht zum Jagen, sondern um die Uhren zu bergen, die die Soldaten kurz vor der Grenze hatten fallen lassen, damit sie den Grenzern nicht in die Hände fielen.

Auf die Uhren folgten weitere Frachten und auf diesen ersten nächtlichen Schmugglereinsatz lange Jahre voller weiterer. Relles mag in seinen Geschichten draufgängerisch wirken, wagemutig und frei von Angst, doch lebte er stets mit dem Risiko der Entdeckung und dem Wissen, das nicht selten die vor Sorge weinende Mutter jenseits des Flusses auf ihn wartete. Er trug Nähmaschinen, Imkerkästen, Goldschmuck, sogar ein lebendes Ferkel auf seinem Rücken durch die Wälder – kurz: alles, wofür auf der anderen Seite der Our eine Nachfrage bestand. Die Leute aus der grenznahen Region, so sagt er, hätten alles hergegeben. Denn zurück kam der wagemutige Junge stets mit Kaffee, der nicht nur den Menschen seiner Heimat zur »zweiten Währung« geworden war. Bis zu achtzig Pfund des kostbaren Guts transportierte Relles pro Einsatz (»vierzig Pfund im Rucksack und vierzig Pfund obendrüber«), und wenn er, der sich im restlichen Gespräch für dieses Buch merklich auf die abenteuerlicheren statt auf die dramatischen Aspekte seines damaligen Tuns

Relles rit en racontant tous ces souvenirs – un peu incrédule de son propre courage et aussi un peu fier. Et ses yeux brillent.

Seul dans la nuit

«J'avais treize ans quand j'allais à la chasse avec ma carabine» raconte-t-il, décrivant longuement les forêts le long de l'Our et, sur ma demande, l'interdiction de la chasse décrétée par les occupants Français, que lui et son père enfreignaient régulièrement. Pendant un de ces périples nocturnes, le jeune Relles tombât sur des soldats Allemands qui revenaient de captivité. Il connaissait un passage sûr à travers le terrain encore miné et le leur montrât. Il semble que c'est cette nuit-là que le garçon de treize ans a eu l'idée de se faufiler peu de temps après au Luxembourg. Pas pour chasser, mais pour récupérer les montres que les soldats avaient lâchées juste avant la frontière, pour qu'elles ne tombent pas dans les mains des gardes frontière.

D'autres chargements ont suivi les montres et après ce premier jour de contrebande, il y eut pendant de longues années d'autres excursions. Relles peut bien sembler risque-tout dans ses histoires, audacieux et sans peur, mais il vivait sans arrêt avec le risque d'être découvert et le savoir que sa mère, de l'autre côté de la rivière, l'attendait en pleurant de souci. Sur son dos il portait des machines à coudre, des ruches, des bijoux en or, et même une fois un cochonnet vivant à travers les forêts. Bref tout ce qu'on demandait de l'autre côté de l'Our.

Les gens de la région frontalière étaient prêts à donner de tout. Au retour, le vaillant garçon arrivait avec du café, qui n'était pas seulement devenu dans son pays la «deuxième monnaie». Relles transportait jusqu'à 80 livres en un tour – «40 livres dans le sac à dos et encore 40 au-dessus». Et plus il se concentre durant le reste de notre entretien pour ce livre, sur les aspects aventureux et les moments dramatiques de ce qu'il faisait à l'époque et qu'il commente tout cela avec un bref «c'était quand même difficile», plus on peut imaginer la véritable difficulté. Pour un garçon de treize ans, entre les mines, seul dans la nuit.

konzentriert, dies heute mit einem knappen »War schon schwierig« kommentiert, mag man nur erahnen, wie schwierig es tatsächlich war. Für den Dreizehnjährigen zwischen den Minen, allein in der Nacht.

Werner Relles schmunzelt beim Erzählen, redet sich merklich in Fahrt. Dies sind die Geschichten seines Lebens, und er schildert sie plastisch und eindrucksvoll. All die Stürze in Böschungen voller Brennnesseln, all die Hunde in einsamen Zollhäuschen. Die schönen Augen, die seine ältere Schwester den ausländischen Beamten machte, um für ihn die Informationen zu erhaschen, die bei seinen Schmugglerzügen über Leben und Tod entscheiden konnten. Relles spricht fast, als wären dies keine besonderen Episoden eines gefährlichen Lebens, sondern gewis-

Werner Relles sourit en racontant, se passionne visiblement pour son sujet. Ce sont les histoires de sa vie et il les raconte d'une manière incroyablement vivante. Toutes ces chutes dans les talus pleins d'orties, tous ces chiens près des maisons isolées de douanier. Les beaux yeux que faisait sa sœur aînée aux agents étrangers, pour glaner des informations pour lui, informations qui pouvaient faire la différence entre la vie et la mort pendant ses tours de contrebandier. Relles en parle, comme s'il ne s'agissait pas des épisodes extraordinaires d'une vie dangereuse, mais quelque chose de quotidien. Un mal nécessaire. Et peut-être que, quelque part, c'était vrai.

Mais malgré cela ... «Il y en a, qui étaient fusillés» confesse-il ouvertement quand

sermaßen Alltäglichkeiten. Notwendige Übel. Und vielleicht stimmt der Eindruck ja auch, irgendwie.

Doch trotzdem ... »Es sind auch welche erschossen worden«, gesteht er offen, wenn man ihn darauf anspricht, und er wechselt dazu in den Eifler Dialekt, seine Muttersprache, nennt sogar Namen. »Ich hab den gut gekannt.« Aber dann kehrt der Abenteurer in seine Stimme zurück, für den derlei Risiken längst (und glücklicherweise zu recht) ein Teil der Vergangenheit geworden sind. »Mich konnten sie nicht fassen, das war gar nicht möglich.«

Relles bezeichnet sich als Naturmenschen, sein junges Ich als gewandt und versiert in den Verstecken des Waldes. Doch er weiß: »Ich bin immer gewarnt worden, hatte immer einen guten Schutzengel. Die gibt es tatsächlich!«

Zwischen Not und Leidenschaft

Es steht außer Frage, dass Werner Relles mit diesen Erinnerungen nicht allein ist. Sie stehen gewissermaßen stellvertretend für eine ganze Generation und erinnern in ihren Bildern voller Risiken und Gefahren eindrucksvoll auch an die Umstände, die schließlich zur Gründung des Deutsch-Luxemburgischen Naturparks führten.

Es sei ihm zeitweise zu einer Art Leidenschaft geworden, damals, dieses Schmuggeln. So sagt er, und es scheint, als kehre dabei das Funkeln in seinen Blick zurück. Bis Anfang der 1950er Jahre habe er immer wieder heimliche Ausflüge zu den Nachbarn jenseits der Our unternommen. Bis die D-Mark etabliert war, die Kaffeepreise in Deutschland sanken und aus der Nachkriegszeit Stück für Stück eine Zeit des Friedens wurde. Selbst danach sei er seine alten Wege noch hin und wieder nachts gegangen, einfach zum Spaß. Zur Erinnerung.

Doch gegen Ende unseres Treffens wird er wieder ganz ernst. »Wenn ich das erzähle, was mir passiert ist«, sagt er und guckt dabei fast, als fordere er sein Gegenüber zu einem Einspruch heraus, der doch nicht folgen kann, »das ist unglaublich.«

Trotzdem ist es – genau wie Werner Relles aus Dasburg selbst – erlebte, wahre Geschichte unserer Region. «

on lui pose la question – et il parle dans son patois local, sa langue natale, donne même des noms. «Celui là, je le connaissais bien» Mais ensuite l'aventurier pour qui des risques pareil font depuis longtemps (et heureusement) partie du passé, retrouve sa voix. «Ils n'ont pas pu me chopper, c'était impossible.»

Relles parle de lui-même comme un homme de la nature. Plus jeune, il était adroit et habile pour trouver les cachettes de la forêt. Mais il dit: «J'étais toujours averti, j'avais toujours un bon ange gardien. Parce que ceux-là, ils existent vraiment!»

Entre misère et passion

Werner Relles n'est sans doute pas seul avec de tels souvenirs. Ils sont représentatifs de toute une génération et rappellent plein de risques et dangers vécus ainsi, et finalement aussi les circonstances, qui ont amené à la création du Parc Naturel Germano-Luxembourgeois.

La contrebande était devenue à l'époque une vraie passion pour lui, nous dit-il avec une étincelle dans ses yeux. Il aurait continué ses excursions secrètes chez les voisins de l'autre rive de l'Our jusqu'au début des années 1950. Jusqu'à l'établissement de la DM, la baisse des prix pour le café en Allemagne et la successive transformation de l'après-guerre en période de paix. Même après, il a parfois encore emprunté les vieux chemins pendant la nuit, pour le plaisir. Pour se souvenir.

Mais vers la fin de notre entretien il redevient de nouveau sérieux: «Quand je raconte ce qui m'est arrivé», dit-il en regardant comme s'il voulait provoquer une contradiction de ma part, contradiction qui ne va pas arriver, «c'est incroyable!»

Et malgré cela ce n'est que de l'histoire vécue, de l'histoire vraie de notre région – exactement comme Werner Relles lui-même. «

Konrad-Schubach-Brücke bei Minden
Konrad-Schubach-Brücke à Minden

Konrad-Schubach-Brücke bei Minden
Konrad-Schubach-Brücke à Minden

Konrad Schubach-Brücke
erbaut 1985

Der Klang des Holzes
Le son du bois

Fernand Schmit aus Hoscheid lebt mit dem heimischen Wald

Fernand Schmit de Hoscheid vit dans la forêt locale

Wurzeln sind wichtig. Die von Fernand Schmit, dem ehemaligen Bürgermeister der kleinen luxemburger Gemeinde Hoscheid, führen zurück in den Wald. Schon als Kind hat er dort so manchen Tag verbracht – mehr oder weniger unfreiwillig, denn sein Vater, ein Landwirt, brauchte den Jungen als Erntehelfer. Und was sie gemeinsam ernteten, war typisch für die Region: Lohe.

Spezialwerkzeuge und Talent

Die Rinde der Eiche, auch Lohe genannt, ist seit Generationen von Bedeutung für die Menschen an Sauer, Our und in der Eifel. Wer Eichenbestand hatte, löste in den späten Frühjahrs- und frühen Sommermonaten die Rinde vom Stamm und verkaufte sie nicht selten an Gerbereien.

Warum gerade dann? »Weil der Baum in diesen Monaten besonders feucht ist«, erklärt Schmit, der als Pensionär wieder Gefallen an der alten Tätigkeit aus Kindertagen gefunden hat. »Dann ist viel ›Saft‹ zwischen Stamm und Rinde, und die Lohe lässt sich leichter lösen.«

Wie das geht, ist für Schmit eine Wissenschaft für sich. Zuerst würden Risse in die Rinde

Les racines sont importantes. Celles de Fernand Schmit, l'ancien maire de la petite commune luxembourgeoise de Hoscheid, mènent de nouveau dans les bois. Il y a passé déjà pas mal de journées étant enfant – plus ou moins volontiers, parce que son père était paysan et avait besoin de lui comme aide aux récoltes. Et ce qu'ils récoltaient ensemble était typique de la région: du tan.

Outils spécialisés et talent

L'écorce du chêne, qu'on appelle aussi tan, est depuis des générations importante pour les gens au bord de Sauer, Our et dans l'Eifel. Quand on possédait des chênes, on détachait tard au printemps et en début d'été, l'écorce du tronc et la vendait souvent aux tanneries.

Pourquoi cela? «Parce que l'arbre est pendant ces mois-là particulièrement humide» explique Schmit qui, en tant que retraité, a retrouvé plaisir aux anciennes tâches de son enfance. «il y a beaucoup de sève entre tronc et écorce et le tan peut être plus facilement enlevé.»

La façon de faire est une science à part pour Schmit. Il faut d'abord créer des brèches

geschlagen. Danach müsse der sogenannte Lohlöffel ran, ein Spezialwerkzeug, mit dem geübte Hände die wertvolle Lohe vom Baum zu trennen verstehen. Bis zu eine Tonne produziert Schmit heute auf diese Weise, wenn er zur Ernte in seinen Wald geht. Er nimmt die frische Lohe mit nach Hause, wo sie zwei bis drei Monate liegen und trocknen müsse. Erst dann kann er sie zu Geld machen; eine Gerberei in Trier wird von ihm beliefert und verwendet die Hoscheider Rinde zur Ledergewinnung. Bei besonders jungen Bäumen fände der Rindensaft auch Verwendung in der Medizin.

»Vierzig Jahre habe ich keine Lohe geschlagen«, gesteht Schmit. Das Leben und die berufliche Karriere erlaubten es nicht. Nun aber, als Pensionär, ... »Diese alte Tradition ist mir inzwischen zum Hobby geworden.« Etwa ein halbes Dutzend Personen gebe es in seiner Umgebung noch, die ebenfalls diese Tätigkeit ausüben. Nicht so viele wie zu seiner Kindheit, aber immerhin.

Klangschritte

Doch auch als Kommunalpolitiker lebte der gebürtige Hoscheider für seine Region. So wirkte er unter anderem an der Realisierung des Klangwanderwegs mit, der seit knapp fünfzehn Jahren Einheimische und Besucher fasziniert.

Auf sechseinhalb Kilometern Wanderstrecke begegnen uns rund um Hoscheid diverse »Instrumente«, die von Künstlern aus dem In- und Ausland geschaffen wurden. Ein Jahr lang dauerten die Vorbereitungen, erinnert sich Schmit. Und heute können sich die Wanderer beispielsweise am Erdxylophon versuchen, über das beeindruckend große Wald-Telefon staunen und Teil des Choeur de la Forêt, des Waldchores werden – mitten im Herzen des Öslings. Fünfzehn Stationen umfasst der Klangwanderweg, und jede einzelne lässt den Wald erklingen.

Fernand Schmit aus Hoscheid berichtet sichtlich gern von diesen Aktivitäten, die sein Leben genauso prägten wie die Region. »Eigentlich haben hier gar nicht viel zu bieten«, antwortet er, als wir abschließend nach den Vorzügen seiner Heimat fragen. Aber da irrt er. Das beweisen nicht nur seine Wurzeln. «

dans l'écorce. Après, il faut utiliser un outil nommé «cuillère à tan» (Lohlöffel), qui permet à des mains expérimentées de séparer l'écorce du tronc. Aujourd'hui Schmit produit jusqu'à une tonne de cette manière, qu'il va récolter dans sa forêt. Il amène le tan frais à la maison, où il le laisse sécher pendant deux à trois mois. Ce n'est qu'au bout de cela qu'il peut en tirer de l'argent; il le livre à une tannerie à Trier, qui utilise l'écorce de Hoscheid pour la production du cuir. Quand il vient d'arbres très jeunes, le jus de l'écorce trouve aussi une utilisation en médecine.

«Cela faisait quarante ans, que je n'avais pas fait de tan», confesse Schmit. La vie et ma carrière professionnelle ne me le permettaient pas. Mais maintenant, en tant que retraité, la vieille tradition est devenue un vrai hobby pour moi.»

Il y a encore une demi-douzaine de personnes dans son entourage qui la pratiquent aussi. Pas autant que dans son enfance, mais quand même encore quelques uns.

Des pas sonores

Natif de Hoscheid il était aussi politicien local pour sa région. Il a participé entre autres à la réalisation du sentier sonore de randonnée, qui fascine depuis presque quinze ans les autochtones comme les visiteurs.

Sur six kilomètres et demi de sentier de randonnée, nous rencontrons autour de Hoscheid divers «instruments» qui ont été créés par des artistes d'ici et étrangers. Schmit se rappelle que les préparations avaient duré un an. Et aujourd'hui, les randonneurs peuvent s'essayer au xylophone de terre, s'étonner du téléphone de la forêt d'une grandeur impressionnante et faire partie du Chœur de la Forêt, dans le cœur du Ösling. Le sentier sonore a quinze stations et chacune fait sonner la forêt.

Fernand Schmit de Hoscheid raconte avec un plaisir visible toutes ces activités qui ont marqué sa vie autant que la région. «En principe, nous n'avons pas grand chose à offrir ici», dit-il, quand nous lui demandons les atouts de son pays, à la fin de l'entretien. Mais là il a tort. Il n'y a pas que ses racines, qui le prouvent. «

Museum
Eingang 2

Hinter den Dingen
La face cachée des choses

Brigitte und Theo Lukas machen in Hüttingen die Vergangenheit lebendig
Brigitte et Theo Lukas à Hüttingen rendent le passé vivant

Am Anfang dachte sie, er habe den Verstand verloren. Brigitte Lukas, Kuratorin aus Hüttingen bei Lahr, gibt offen zu, am rationalen Denkvermögen ihres Gatten Theo gezweifelt zu haben, als dieser den ersten Schrott (»ein rostiges Etwas«, nennt sie es deutlich liebevoller) mit nach Hause brachte. Anfang der 1980er Jahre muss das gewesen sein. Landwirt Theo habe zwar schon immer ein ausgesprochenes Faible für Altertümchen und reparaturbedürftige Apparaturen von anno dazumal gehabt, aber dass er ihr damit eines Tages den Hof vollstellen würde, hätte sie wohl nie erwartet.

Dann begriff aber auch sie, dass der Schrott nur auf den ersten Blick Schrott war. Und seit 2002 betreiben die Eheleute Lukas auf ihrem Hof in Hüttingen das Ofen- und Eisenmuseum mit angrenzendem Café. Eine Erfolgsgeschichte für die ganze Grenzregion.

Vom Sammler zum Direktor

Ein Besuch ihrer Räumlichkeiten wird schnell zu einer Zeitreise, die Vergangenheit lebendig. »Museum heißt immer auch Entschleunigung«,

Au début elle croyait que son mari avait perdu la raison. Brigitte Lukas, commissaire de Hüttingen près de Lahr, admet ouvertement qu'elle avait douté des capacités rationnelles de son mari Théo, quand celui-ci a amené la première vieille ferraille à la maison. Maintenant elle dit, bien plus affectueusement, «quelque chose de rouillé.»

C'était au début des années 1980. L'agriculteur Théo montrait depuis toujours un penchant pour des vieilleries et des machines anciennes nécessitant une réparation, mais elle ne s'attendait pas à ce qu'il lui remplisse un jour toute la propriété.

Mais finalement elle aussi a compris que cette ferraille ne l'était qu'au premier regard. Et depuis 2002 le couple Lukas a créé dans sa propriété d'Hüttingen le Musée des poêles et du fer, avec un café attenant. Une histoire à succès pour toute la région frontalière.

De collectionneur à directeur

Une visite dans leur espace devient vite un voyage dans le temps, le passé devient vivant. «Musée rime toujours avec décroissance» dit Bri-

weiß Brigitte Lukas, und mit dieser Definition passt ihr Angebot in den Deutsch-Luxemburgischen Naturpark wie die Forelle in die Our.

Doch wie kam es zu dem ihren? »Ich hatte als Landwirt immer schon mit Schrott- und Eisenhändlern zu tun«, erinnert sich ihr Mann. »Und da tauscht man dann mitunter auch. Ich sah auf den Ladeflächen der Schrotthändler wiederholt schöne Teile, die in die Presse gewandert wären. Und dafür fand ich sie einfach zu schade. Die Händler haben bei mir dann unterm Strich mehr ab- als aufgeladen.« So kam er an antike Öfen, an Bügeleisen (inzwischen besitzt er über tausend verschiedene), an gusseiserne Platten, Grammophone und an allerhand weitere mal mehr, mal weniger stark vom Rost befallene Objekte. Ein altes Hostieneisen aus seiner Sammlung wurde bis ins Jahr 2000 noch in Luxemburg zum Backen von Oblaten verwendet.

In liebevoller Kleinarbeit widmete sich Lukas seinen Schätzen, wann immer der heimische Bauernhof ihm die Zeit gewährte – polierte hier, reparierte dort. Nach und nach kamen so der Charme und die Schönheit der ganz unterschiedlichen Altertümchen wieder zum Vorschein, ihr Charakter. Und mit ihm auch ein Stück regionale Geschichte, die im Lukasschen Museum inzwischen bis ins frühe 16. Jahrhundert zurückreicht.

Letzteres überzeugte dann wohl auch Brigitte. Gemeinsam reisten sie und Theo fortan zu Haushaltsauflösungen, stöberten sich grenzüberschreitend durch Flohmärkte, und suchten, suchten, suchten. »Mein Mann«, sagt Brigitte schmunzelnd, »heißt seit über fünfundzwanzig Jahren bei Eisenhändlern im In- und Ausland nur noch Ofen-Lukas.«

Am 5. Mai 2002 präsentierten die Eheleute ihre Leidenschaft dann erstmals der Öffentlichkeit, schulten quasi in Eigenregie von der Landwirtschaft auf die Museumsführung um, und das Hüttinger Ausstellungsgelände war geboren. Auf circa zweihundert Quadratmetern ehemaliger Hoffläche präsentieren sie seitdem, wofür ihr Herz schlägt. Fünfundzwanzigtausend Exponate beherbergt das Museum derzeit, noch einmal die gleiche Menge wartet in den Archiven des Ehepaares auf ihren eigenen Moment im Rampenlicht.

gitte Lukas, et avec cette définition, leur offre colle avec le Parc Naturel Germano-Luxembourgeois comme une truite dans l'Our.

Mais comment en sont-ils arrivés là?

«Comme agriculteur, j'avais depuis toujours à faire à des ferrailleurs»,se souvient son mari. «Et l'on arrive parfois à échanger des trucs. Je voyais souvent sur leur surface de chargement de belles pièces qu'ils allaient amener à la presse. Et je trouvais que c'était dommage. Au final, les marchands déchargeaient plus chez moi que ce qu'ils chargeaient». Cela lui a valu de trouver des poêles antiques, des fers à repasser (il en compte maintenant plus de mille différents), des plaques en fonte, des gramophones et plein d'autres objets, plus ou moins rouillés. Un fer à hosties de sa collection servait encore en 2000 au Luxembourg à frire des hosties.

Lukas se consacre en travailleur méticuleux à ses trésors, chaque fois que l'entreprise agricole lui en laisse le temps, il polit ici, répare là. Petit à petit le charme, la beauté et le caractère des vieilleries si différentes réapparaissent, et avec eux un morceau de l'histoire locale qui remonte dans le musée des Lukas jusqu'au 16ième siècle.

Et c'est cela, qui a finalement aussi convaincu Brigitte. Ils voyagent ensemble de liquidations de domiciles en brocantes, fouillent à travers les frontières et cherchent, cherchent, cherchent. «Mon mari» dit Brigitte en souriant, «à depuis vingt cinq ans le surnom de «Ofen-Lukas» (Lukas des poêles) chez les ferrailleurs à l'étranger et ici.»

Le 5 Mai 2002 le couple présente sa passion pour la première fois au public et se convertit de leur propre initiative d'agriculteur en «guides de musée». L'espace d'exposition de Hüttingen est né.

Sur environ deux cents mètres carrés d'ancienne cour de ferme, ils présentent ce pour quoi bat leur cœur. Le musée héberge actuellement vingt cinq mille objets exposés et il y en a encore autant qui attendent dans les archives du couple le moment d'être sous les feux de la rampe.

Schrank-
Koch-Ofen
Amalien-Hütte, Laasphe
um 1870

Pflaumen aus-
Kochofen
Im Ofen hängt ein Kupferkessel

BRILLANT

Die Seele der Landschaft erfassen
Capter l'âme du paysage

Fotograf Raymond Clement aus Bourglinster behält die ganze Region im Auge

Le photographe Raymond Clement de Bourglinster a l'œil sur la région

»Und dann erst diese Felsen!« Raymond Clement seufzt, wenn er von seinen Motiven erzählt – und das vor Begeisterung. Seit über fünfzig Jahren arbeitet der Fotograf nun schon mit Kamera und Stativ, und auch wenn ihn seine Themen mitunter in die weite Welt hinausführen, fühlt er sich der Region um Sauer und Our doch stets verbunden und widmet ihr immer wieder neue künstlerische Projekte.

Region Herzblut

»Es ist ein Genuss, durch unsere Natur zu wandern«, sagt der knapp siebzigjährige Luxemburger. »Wir haben ja alles hier. Auf kleinstem Raum erleben Sie eine Landschaft, die so vielseitig ist, wie Sie sie kaum anderswo finden.« Kein Wunder, dass sie ihn so fasziniert.

Clement war bereits als Fotograf für den Naturpark Obersauer in Luxemburgs Nordwesten aktiv, als die Parkleitung Our ihn 2005 kontaktierte und einlud, auch ihre Region in kunstvollen Bildern festzuhalten. Er willigte gern ein, hatte und hat er doch eine ganz besondere Sicht auf die Gegend. »Mir geht es nicht darum, eine Landschaft

«Rien que ces rochers!» Raymond Clement soupire d'enthousiasme quand il parle de ses motifs. Cela fait plus de cinquante ans déjà que le photographe travaille avec un appareil photo sur trépied, et même si ses sujets l'ont emmené à travers le monde, il se sent profondément lié à sa région de Sauer et Our et lui consacre régulièrement des projets artistiques.

Région passion

«C'est un régal de se promener dans notre nature», dit ce Luxembourgeois de presque soixante-dix ans. «Nous avons de tout ici. Dans un espace réduit vous découvrez un paysage varié comme nulle part ailleurs.» Pas étonnant qu'il soit fasciné.

Clement avait déjà travaillé comme photographe pour le Parc Naturel Obersauer au nord-ouest du Luxembourg, quand la direction du parc à Our l'avait contacté en 2005 pour lui proposer d'immortaliser leur région dans ses photos artistiques. Il avait accepté avec plaisir, ayant son propre regard sur le pays. «Je ne veux pas simplement photographier un paysage, mais aussi capter son âme, pas que la façade.» confesse-t-il.

einfach abzulichten«, gesteht er. »Ich will auch ihre Seele erfassen, nicht nur die Fassade.«

Seine Vorgehensweise ist dabei ebenso einleuchtend wie zeitaufwendig, denn Clement orientiert sich gern an den großen Landschaftsmalern der bildenden Kunst, etwa an seinem Vorbild Caspar David Friedrich und anderen Meistern des 16. und 17. Jahrhunderts. Auf ausgedehnten Streifzügen durch die Natur sucht und findet Clement seine Motive – und wartet dann neben ihnen auf den »richtigen Moment«. »Ich arbeite ganz bewusst mit Stativ«, erklärt er, und man kann ihn sich nur zu gut dabei vorstellen, »denn ich mag ruhige, stille Fotos. Bilder, die Zeit brauchen. Und das Stativ zwingt mich dazu, mir diese zu nehmen.« Nur sehr selten müsse er eine einmal gemachte Aufnahme noch am PC zurechtschneiden. Meist bekomme er schon beim Druck auf den Auslöser, was er suche – eben weil er die nötige Geduld mitbringe und die Natur der Grenzregionen ihm ihre Schönheit präsentiere. Gute Landschaftsfotos seien solche, in die man »reinspazieren kann, ohne abgelenkt zu werden. Ich versuche in den Bildern dann immer auch einen Drehmoment zu finden, der einen so fesselt, dass man als Betrachter gar nicht mehr aus ihnen herauskommt.« So entstünden Aufnahmen, die man stundenlang anschauen könne, ohne ihrer müde zu werden.

Die Zukunft im Sucher

In seinen Anfangszeiten spezialisierte sich Raymond Clement auf die Schwarzweißfotografie und feierte damit Erfolge. Seine erste große Ausstellung – Thema: Jazzmusik – fand 1975 im französischen Nancy statt und sorgte zusätzlich für Aufmerksamkeit.

Doch seit 1983 hat er auch die Farbe für sich entdeckt. Als offizieller Fotograf mehrerer grenznaher Naturparks kennt er den Deutsch-Luxemburgischen Park sehr gut und betrachtet ihn und seine Vielfalt aus einer ganz eigenen Perspektive: der des mit Geduld sehenden Künstlers.

»Ich arbeite fast immer an irgendeinem neuen Projekt über unsere Region«, gesteht er abschließend. Auch jetzt habe er wieder einiges in Vorbereitung, wenngleich sich das Alter

Sa manière de procéder est aussi évidente que chronophage, car Clement aime s'inspirer des grands peintres paysagistes des beaux-arts, comme son idéal Caspar David Friedrich et d'autres maîtres du 16ième et 17ième siècles. Il cherche et trouve ses motifs pendant ses longues balades à travers la nature et s'arrête juste à côté pour attendre le «moment juste». «Je travaille volontairement avec un appareil photo sur trépied» explique-t-il, et l'on arrive bien à se l'imaginer « parce que j'aime les photos calmes, silencieuses. Des images qui prennent leur temps. Et le travail avec le trépied m'oblige à prendre ce temps. «

C'est rare qu'il soit obligé de recadrer ses photos après-coup à l'ordinateur. La plupart du temps, il capte ce qu'il cherche au moment de déclencher, parce qu'il y met la patience nécessaire et que les paysages des régions frontalières lui offrent leur beauté. Les bonnes photos de paysage vous invitent à «entrer dedans, sans être distrait. J'essaye toujours de trouver un point de vue qui captive le spectateur au point de ne plus pouvoir l'en décrocher.» Un art pour créer des photos que vous pouvez contempler pendant des heures, sans vous lasser.

L'avenir dans le viseur

À ses débuts, Raymond Clement s'était avec succès spécialisé dans la photographie en noir et blanc. Sa première grande exposition dont le thème était la musique de jazz, se déroulait en 1975 à Nancy et lui apporta encore plus de succès.

Mais, depuis 1983, il s'approprie la couleur pour ses photos. En tant que photographe officiel de plusieurs parcs naturels proches de la frontière, il connait très bien le parc Germano-Luxembourgeois et le regarde dans sa diversité avec une perspective différente, celle de l'œil patient de l'artiste.

«Je travaille presque toujours sur un nouveau projet dans notre région», confesse-t-il à la fin. Actuellement il prépare plusieurs choses, même si l'âge commence à se faire sentir. «Les meilleures prises, je les fais tôt le matin ou tard le soir, quand le monde se met au repos» dit Raymond Clement

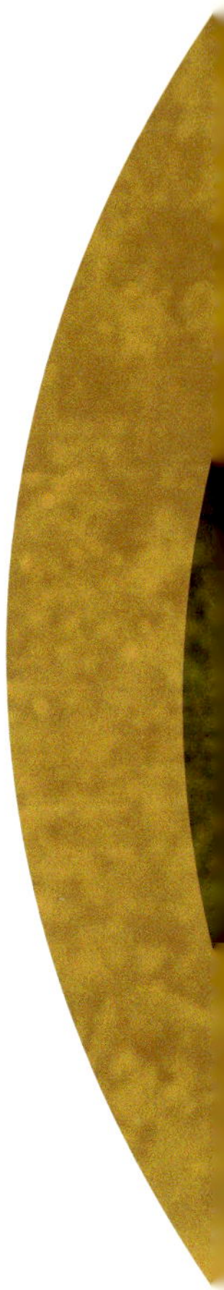

langsam bemerkbar mache. »Die besten Aufnahmen bekomme ich stets früh morgens und spät abends, wenn die Welt zur Ruhe kommt«, sagt Raymond Clement. »Aber ich werde jetzt siebzig; da kommt man so früh nicht mehr gut aus dem Bett.« Dann lacht er. Was ist schon Zeit angesichts dieser Schönheit? «

«mais je vais vers les soixante-dix ans, cela devient plus difficile de se lever tôt». Et il rit. Qu'est-ce que le temps face à une telle beauté? «

Impressum
Mentions légales

© Eifelbildverlag Hans Nieder, Daun 2014
Lindenstraße 11, 54550 Daun
Telefon: +49 6592 3642, info@eifelbildverlag.de
www.eifelbildverlag.de

Idee / Idée:
Gordon Schnieder, Christian Humberg, Sven Nieder
Text / Texte:
Christian Humberg
Gestaltung / Conception:
Björn Pollmeyer
Übersetzung / Traduction:
Iris Rutz-Rudel
Illustrationen »Sagen« / Illustrations «Légendes»:
Florian Geppert

Sagen auf Seite 36 bis 43 aus »Die Sage raunt in alten Mauern« von Hans Theis, ISBN 978-3-7322-4926-8, Herausgegeben von Willi Hermes
www.eifel-sagen.de

Légendes pages 36 à 43 de «Die Sage raunt in alten Mauern» de Hans Theis, ISBN 978-3-7322-4926-8, édité par Willi Hermes
www.eifel-sagen.de

Druck / Impression:
Offsetdruck Knopp, Wittlich

ISBN 978-3-9814113-2-4

Bildnachweis
Crédit Photos

Raymond Clement 140 | *Christiane Dreher* 60 | *Josef Gaspers* 45, 61 | *Heiko Kapeller* 16, 22, 25, 26, 58, 68 beide | *Sven Nieder* 5, 10, 12, 14, 18, 21, 30, 44, 46, 48, 50, 52, 53, 54, 57, 62, 70, 72, 74, 76, 78, 88, 96, 98, 100, 102, 108, 116, 118, 120 | *Charly Schleder* 64, 67, 81 | *Dominik Scheid* 82, 85, 86, 90, 92, 95, 104, 107, 110, 113, 115, 122, 125, 126, 128, 131, 132, 134, 136, 139 | *Peter Wagner* 28

Danke
Merci

Genau wie der Deutsch-Luxemburgische Naturpark selbst, wäre auch dieses Buch ohne die grenzüberschreitende Unterstützung vieler Menschen nie Wirklichkeit geworden. Ihnen allen sei herzlich gedankt – für ihren Einsatz, ihren Enthusiasmus, ihre Geschichten.

Comme le Parc Naturel Germano-Luxembourgeois lui-même, ce livre n'aura pas vu le jour sans le soutient transfrontalier de beaucoup de gens. Nous ltenons à les remercier tous de plein cœur – pour leur implication, leur enthousiasme, leurs histoires.

Raymond Clement, Deutsch-Luxemburgischer Naturpark, Gast Giefer, Hans-Dieter Heck, Willi Hermes, Dr. Hans-Bernd Kanzler, Petra Kneesch, KSK Bitburg-Prüm, Brigitte Lukas, Theo Lukas, Claude Petit, Werner Relles, Rüdiger Schausen, Georges Schiltz, Fernand Schmit, Gordon Schnieder, Dr. Joachim Streit, Volker Teuschler, Michael Theis, Daniela Torgau, Peter Wagner

Ebenfalls im Eifelbildverlag erschienen
Également édité chez Eifelbildverlag

HIMMEL ÜBER DER **VULKANEIFEL**
Karl Johaentges, Sven Nieder, Jacques Berndorf

144 Seiten, über 130 großformatige Fotografien,
Format 30 × 28 cm Hardcover

ISBN 978-3-9814113-0-0

Für 29,90 € portofrei bei uns erhältlich.

HIMMEL ÜBER DEM **EIFELKREIS**
BITBURG PRÜM
Sven Nieder, Christian Humberg

156 Seiten, über 130 großformatige Fotografien,
Format 30 × 28 cm Hardcover
Sprache: Deutsch, Englisch

ISBN 978-3-9814113-1-7

Für 29,90 € portofrei bei uns erhältlich.

www.eifelbildverlag.de